JN109840

行った。見た。触れた。

「世界最先端の物流・流通」

～AZ-COMネット海外視察研修の軌跡～

一般社団法人 AZ-COM丸和・支援ネットワーク=編著

はじめに

　コロナ禍で多くの経営者が未曽有の危機に直面し、対応に頭を悩ませています。企業経営で大切なことは、「時代」「時流」「時中」に適した戦略で、どこに経営資源をシフトするかだと考えています。

　すなわち、経営者としての覚悟を決め、今だからこそ、企業としてやるべきことを整理して、打つべき手を打つのです。この環境変化を機に、企業経営の在り方も大きく変えて、経営戦略・戦術のイノベーションを図ることで変化に対応していかなければなりません。

　そのようにして、ピンチをチャンスに変える経営、すなわち、他力ではなく「自力本願の経営」で「逃げず、諦めず、負けず」に挑戦し続け、成功するまでやり抜くことです。

　さて、現在のように厳しい環境下にあって、なぜ本書を出版するのか？ それは、コロナ禍の企業経営に役立つ価値情報があるからです。

　2015年設立の一般社団法人 AZ-COM 丸和・支援ネットワークでは、会員企業に対しての教育支援に最も力を注いでいます。中でも会員の皆様から支持されているのが「海外視察研修会」です。年に２〜３回の開催でアメリカ、ヨーロッパ、アジアを訪問し、５年で11回を数え、多くの企業経営者並

びに幹部候補者が参画し学んできました。

　視察では、通常は足を踏み入れることができない世界最先端の物流施設の視察や小売業の新しいビジネスモデルなどを目にし、私は毎回多くの衝撃と刺激を受けると同時に、新たに得た気づきと学びを経営に活かしています。

　この価値ある5年間の学びを、厳しい経営環境下にある今だからこそ、皆様と共有したいと考えました。

　具体例としては、イギリスとスペインの「人と環境にやさしい物流」のための自動化やAI、IoTの活用、またフランスで視察したスーパーマーケットの「宅配専用店舗ダークストア」など、世界から収集してきた情報が何かのお役に立てばと願っております。

　一般社団法人AZ-COM丸和・支援ネットワーク（以下、AZ-COMネットと称す）についてご説明いたします。

　1970年に創業した株式会社丸和運輸機関が設立母体となっています。丸和運輸機関は、創業者である私、和佐見勝がトラック1台で起業し、運送から物流、物流から3PL（サードパーティーロジスティクス）へと進化させてまいりました。そして、2014年4月東京証券取引所市場第二部へ上場、翌年2015年4月東京証券取引所市場第一部銘柄に最短で指定となり、同志（当社では役職員をこう呼びます）の長年の夢のひとつを実現しました。

　私は株式公開にあたって次のように強く思いました。

　青果小売業から転じて、まったくの素人としてこの業界に

2

入った私は、「物流業界をはじめ小売業の皆様など多くの方々に支えられてここまで来られたのだ」と。そこで、物流業界に何か恩返しがしたいという強い意志で、中小のトラック運送事業者の経営支援を行う AZ-COM ネットを設立する決断に至りました。

　日本のトラック運送事業者数は、62,461 社（2018 年 3 月現在）で車両保有台数 30 台以下の事業者が 85.7％を占めています。

　すなわち、中小企業が日本の物流を支えています。AZ-COM ネットは、この全国のトラック運送事業に携わる経営者、従業員、ご家族をサポートする経営支援メニュー（ファイナンス、教育、共同購入、採用支援、福利厚生など）を開発し続け、2016 年には一般社団法人として新たに組織強化、ネットワークの拡大を図っています。

　日本では少子高齢化による労働者不足、特にドライバー不足が深刻化し 2017 年から物流危機に陥っています。こうした中で、AZ-COM ネットは会員様の永続的な発展のため、2015 年から「持続可能な物流」を支える全国組織になっています。

　AZ-COM ネットの理念は「一燈照隅 万燈照国」です。比叡山の天台宗開祖、伝教大師最澄の教え「一隅を照らす、此れすなわち国の宝なり」は仏教の神髄と言えます。仏教では「上求菩提・下化衆生」と言いますが、すなわち常に「自

己を磨き高め、世の為、人の為に生きる」という意味で、仏教を1,200年支えているものの源流であり、現代に置き換えるとビジネスの本質を説いていると言えます。「一隅を照らす」、AZ-COM ネットの会員1社1社が世の中の片隅を照らし、その光が1,000社〜3,000社集まることで、新たな価値創造や世の中への貢献が増大し、国家が良くなり、社会全体が良くなります。

　現在のAZ-COM ネットの会員数は、1,500社（2021年3月）。2030年に10,000社以上、1日の稼働車両台数100,000台以上にすべく、経営支援メニューの改善・改革と良質な仕事の創造を通じて、会員メリットの拡大を図っております。

　最後に私自身が株式会社丸和運輸機関を創業した当時から最も大切にし、今も実践していることを紹介いたします。それは「企業は人なり、人の成長なくして企業の成長なし」との考えです。

　報恩感謝の心を持って、人を大切にし、人の能力開発、人財育成に取り組んでいます。これは、このAZ-COM ネットでも同様です。AZ-COM ネットは、会員企業の幸せを願い、利他の精神で必ず業界の成長エンジンになります。

　本書の出版にあたり多大なるご支援をいただいたAZ-COM ネット海外視察研修会参加者の皆様並びにオフィスJ.O.近江代表をはじめ明日香出版社の石野社長に心から感謝申し上げます。

　また、2020 年、株式会社丸和運輸機関は創業 50 周年、一般社団法人 AZ-COM 丸和・支援ネットワークは 5 周年を迎えることができました。これもひとえにお客様をはじめ会員企業の皆様、業界関係者の皆様のお陰と社員一同心から御礼申し上げます。今後も「桃太郎文化」の実践で挑戦し続け、成長し続け、貢献し続けてまいります。

株式会社 丸和運輸機関 代表取締役社長

一般社団法人 AZ-COM 丸和・支援ネットワーク理事長

和佐見 勝

2021 年 5 月

*************** **CONTENTS** ***************

第**2**章
AZ-COM 丸和・支援ネットワーク創設の背景と活動

第3章
【座談会】
AZ-COM ネットの海外視察研修を通して
日本の物流の未来を探る

第1章

多くの示唆を与えてくれた
海外視察研修会
＜レポート＞

AZ-COM 丸和・支援ネットワーク企画協力

海外視察研修会

第1回
ベルギー・フランス・スペイン視察

訪問先
フランス ブルターニュ地方／ベルギー フランダース地方
スペイン北部＆マドリード
日　程：2015年8月26日〜9月5日

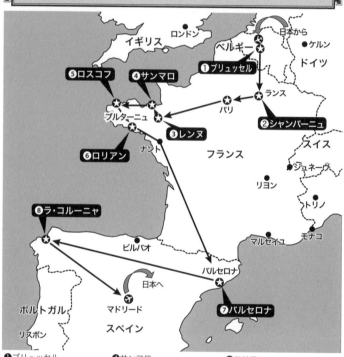

❶ブリュッセル
・NIKE 物流センター
・Crops hesbaye factory
❷シャンパーニュ
・『ドゥーツ』ワイン蔵
❸レンヌ
・C-Log 社

❹サンマロ
・Compagnie de Peches 社
・KERMENE 社
❺ロスコフ
・プリンス・ブルターニュ
・SCARMOR 社
・E.LECLERC ドライブ

❻ロリアン
HENRI LEROUX
❼バルセロナ
・メルカドーナ
❽ラ・コルーニャ
・インディテックス本社及び
　物流センター

日次	月日(曜日)	視察経路	訪問地	摘　要
1	8月26日(水)	成田空港 発　ブリュッセル 着		成田空港集合　スイス航空にてチューリッヒ経由ブリュッセルへ　【ブリュッセル泊：ルネサンスブリュッセル】
2	8月27日(木)	ブリュッセル 滞在　ランス 着	①ブリュッセル	◆NIKE（スポーツ用品世界最大手）物流センター訪問　◆Crops hesbaye factory（有機野菜生産農場、加工場）視察　専用車にてランスへ（約225km、約3時間）　【ランス泊：ノボテルホテル】
3	8月28日(金)	ランス 発　パリ 着	②シャンパーニュ	◆シャンパーニュ・フランス高級ワイナリー『ドゥーツ』ワイン蔵視察　◇田園の中、ワイナリーでの昼食会　専用車にてパリへ（約145km、約2時間30分）　パリ着　【パリ泊：プルマンパリモンパルナスホテル】
4	8月29日(土)	パリ 滞在		※各自、パリ自由視察　【パリ泊：プルマンパリモンパルナスホテル】
5	8月30日(日)	パリ(モンパルナス駅)発　レンヌ駅 着		TGVにてレンヌへ　着後、ブルターニュ地区観光　○モンサンミッシェル観光、○サンマロ城　【サンマロ泊：ラ・グランド・サーマスホテル】
6	8月31日(月)	ブルターニュ 発　ロスコフ 着	③レンヌ　④サンマロ	◆C-Log社（アパレル通販、RFID実用化）物流施設視察　◆Compagnie de Peches社（サンマロ魚すり身製造工場）　◆KERMENE社（フランス有数の豚肉加工食品工場）見学　【ロスコフ泊：ホテルベストウエスタン・ロスコフ】
7	9月1日(火)	ロスコフ 発　ロリアン 着	⑤ロスコフ	◆プリンス・ブルターニュ（ブルターニュ有力有機野菜農場）訪問　＊生産者の組織のプレゼン＊有機野菜の農場＆包装出荷場見学　◆SCARMOR社（ルクレール：フランス大手ハイパーマーケット）訪問　＊E.LECLERCドライブ（ネット販売決済し受取は倉庫型スペース）視察　【ロリアン泊：ベストウエスタン・リバースホテル】
8	9月2日(水)	ロリアン 発　ナント空港　バルセロナ 着　バルセロナ 発　サンチャゴ・デ・コンポ 着	⑥ロリアン　⑦バルセロナ	◆HENRI LEROUX（フランス最高級チョコレート製造工場）見学　ヴエリング航空にてバルセロナへ　到着後、バルセロナ市内視察　◇メルカドーナ　【ラ・コルーニャ泊：メリヤ・マリヤ・ピタホテル】
9	9月3日(木)	ラ・コルーニャ 滞在　ラ・コルーニャ 発　マドリード 着	⑧ラ・コルーニャ	◆インディテックス（ZARAブランド）本社及び物流センター訪問　イベリア航空にてマドリードへ　【マドリード泊：エムペラドールホテル・マドリッド】
10	9月4日(金)	マドリード 発　チューリッヒ経由		専用車にて空港へ　スイス航空にてチューリッヒを経由し帰国の途へ　スイス航空にて羽田空港へ　【機内　泊】
11	9月5日(土)	成田空港 着		到着後、解散

見学場所：◇視察（自由視察）、◆視察（アポイント有）○下車観光、●車窓観光

15

第1回　ヨーロッパ BIO アグリビジネス
＆アパレル・食品物流・流通最先端視察報告

株式会社丸和運輸機関　代表取締役社長

一般社団法人 AZ-COM 丸和・支援ネットワーク　理事長

和佐見　勝

　このたびは『ヨーロッパ BIO アグリビジネス＆アパレル・食品物流・流通最先端視察会』にご参加いただき誠に有難うございました。

　今回の研修視察では、ヨーロッパの有力食品・アパレル企業5社及び物流センター4か所やスーパーマーケット3か所を視察し、予定したすべての行程を終えて無事帰国できましたことを心より感謝いたします。会員企業経営者の皆様との素晴らしい時間を共有し、各都市の美味しい食事を楽しみながら、視察を通じて感じたことなどを情報交換することができ、大変光栄に感じています。

　11日間の行程では、様々な学びを得ることができました。EU の中心であるベルギーではヨーロッパ『ナイキ』社でEU 誕生後の一極集中のロジスティクスネットワークの構築と、企業業績の浮き沈みに対応した物流拠点の活用を目の当たりにし、大陸におけるロジスティクスの在り方を学びました。

　また、ヨーロッパの冷凍野菜果物のリーディングカンパニー『クロップス』社のヘスベイにある有機（BIO）野菜農場並びに加工場では、半径40km の農場から収穫される野菜の量と冷凍野菜の生産規模の大きさ、有機野菜における農家

　との関係づくりなどの取り組み、そして、毎年600万ユーロ近い継続投資を行い、効率化と省人化の仕組みづくりによる需要への対応方法から多くの気づきがありました。

　フランスでは、当視察だからこそ実現した、普段は行くことができないシャンパーニュ地方にある老舗名門ワインメーカー『ドゥーツ』のワイナリーで地下に眠るワイン蔵の視察と現地でのおもてなしに、改めて食文化並びにおもてなしの在り方について見つめなおす機会になりました。パリから車で1時間半という近距離にありながら、さながら別世界のような雰囲気を堪能することができました。

　パリの自由行動では参加各位においてはフランスの芸術や文化に触れ、最新の情報を肌で感じられたことと存じます。私自身は、1日かけてフランスの小売業の伝統的な業態から

最新業態まで店舗を幅広く視察し、PB 戦略や店づくりなど
日本との違いから多くを学ぶことができました。また、ブル
ターニュ地方の観光では、以前から一度は訪れてみたいと
願っていた海に浮かぶ世界遺産モンサンミッシェルの壮大な
存在感に感動し、サンマロの城壁に囲まれた船乗りの街から
も歴史を感じさせられました。

　SPA 業態のアパレルの子会社である『C-Log 社』では、
RFID を活用した、生産から販売までのサプライチェーン全
体の効率化を目指し、顧客サービスを向上させる新たなロジ
スティクスへの挑戦
を見学することがで
きました。本来であ
れば企業秘密として
なかなか見ることが
できない現場であっ
たと思います。

　また、フランス最大の小売グループである、『ルクレール
グループ』の発祥の地ブルターニュ・ランデルノーを訪れ、
ミシェル事務局長の案内で今は博物館となっている 1 号店や
在庫置き場となっていた教会など普段は見ることのできない
貴重な施設を案内していただきました。そして、ヨーロッパ
での先進的な取り組みとして新業態であるルクレール・ドラ
イブも見学させていただきました。フランス国内でのリアル
店舗 600 店に加え、ドライブ業態店 400 か所を展開してお
り、近い将来の EC の急速な普及を先取りしたこのドライブ

業態が小売ビジネスの過半を占めることが予測され、日本でのお届けビジネスとの違いや、今後の小売業のオムニチャネル戦略についても改めて考える機会となりました。

　さらにフランス最北端に位置する『プリンス・ドゥ・ブルターニュ』では生産者の農場を実際に拝見し、その先のステーション、加工場を含めて有機野菜生産に切り替えた経営者の話などもお伺いすることができ、貴重な経験となりました。

　次に、スペインでは、アパレル売上高世界ナンバーワンのファッションブランド ZARA を擁する『インディテックス』社の発祥の地であり、本社と工場、IT とロジスティクスの拠点でもあるスペイン最北端の片田舎ラ・コルーニャを訪れ、『インディテックス』社の全世界の店舗や情報拠点をこの地でコントロールする一極集中のマネジメント力とマーケティング力、並びにそれら全体を活かす強固なサプライチェーンとその進化に、私だけではなくご参加の皆様も多くの気づきや驚きを感じたことと思います。

　本視察会では、単に物流センターだけを数多く見るのではなく、物流を考える上でなんといっても商流と物流は表裏一体という観点からスーパーマーケットなど小売店の動向把握

も欠かせないものと考えており、中欧の核となるフランスを中心にベルギー、スペインの有力小売企業も視察することにいたしました。

　ヨーロッパの流通事情を一言で表現すると、寡占化が強く進行しているのではないかと強く感じております。大手小売業数社で市場の過半数を占めていることも多く、地域住民の消費に関する選択の幅を狭めていると言えるかもしれませんが、それほどに厳しい流通戦争の結果であるとも言えるのではないでしょうか。

　一方、物流面での特徴は標準化、省力化とともに『人に優しく、環境に優しい』という理念に貫かれており、環境面への配慮は当然のこととして、物流現場で働く人たちへの配慮も必要不可欠なものとなってきていると痛感しました。今回視察した企業では、たとえば休憩室に限らず職場内にも緑があり、天井はトップライトで陽光が室内の緑に映えていて、中にはセンター内の各所に木材を使用するなど、作業員の疲労を和らげる努力なども配慮されていました。

　また、物流現場では、作業者の肉体的な苦痛を和らげるリフトやバランサーなど日本ではあまり見かけない省力化機器も多く見られ、ナイキやザラの物流センター内では人に優しいを合言葉に、作業者が立って作業する床にはクッションラバーが貼られ、場所によっては木のフローリングの床など、直接鉄やコンクリートの上に人が立つことのないように配慮されていました。翻って日本の物流センターは物流テクノロジーの面では世界トップクラスにあると言えますが、人と機械のインターフェースについての配慮はまだ深まっていると

は言い難いと感じています。そういった面でも今回ヨーロッパの優れた物流センターを視察する価値があったのではないでしょうか。

　今回中欧の様々な企業を視察する中で、日本でもなかなか経験できない肉、魚、野菜などの食のサプライチェーンを視察することができました。生産者から青果の選果場、加工場、物流のデポ、小売業の物流センター、小売の店頭とサプライチェーン全体を視察することができました。

　これは、AZ-COMネット独自のオーダーメイドの海外視察プログラムだからこそ実現できたものであると感じております。今回の視察を通じて、改めて物流の重要性と同時に各流通段階における品質管理の取り組みから多くの気づきと学びを得ました。

　最後に、お陰様で、皆様のご配慮とご支援のもと、実りある視察会となりました。ご参加いただきました皆様のご厚情に触れ、人柄に感謝し、『一期一会』のご縁が大切だと感じております。実務に戻り、今後の企業経営に活かしていく所存です。

　慣れない土地での長期にわたる行程でお疲れのことと存じますが、くれぐれもお身体ご自愛ください。併せて参加各社のご発展と皆様のますますのご健勝をお祈り申し上げます。

「第1回　欧州最新物流・流通システム視察会」に参加して

大阪産業大学　経営学部　商学科教授

浜崎　章洋

■はじめに

　AZ-COM 丸和・支援ネットワークの第1回海外視察では、2015年8月26日（水）～9月5日（土）の9泊11日の日程で、ベルギー、フランス、スペインの3か国を訪問しました。今回の視察では、NIKE や ZARA といった先進的なサプライチェーンを構築している企業、農産物・畜産物・水産物など第1次産業の産品及びそれらの加工品の生産現場・物流施設など、そして特徴がある小売業の店舗などを見学させていただきました。

　日本だけではなく、アメリカ、ヨーロッパ、アジアなどの物流センターを多数見学してきましたが、今回の視察でも新たな発見がありました。本稿では、それらをお伝えできればと思います。

■視察の概要について

　羽田空港を出発し、ベルギーの NIKE の物流センターを見学。フランスに移動し、シャンパーニュ地方のドゥーツ社の醸造所などを訪問。その後、ブルターニュ地方へ移動し、水産物・農産物・畜産物の産地や工場・加工場、物流センターなどを訪問するとともに、ルクレール社の「ドライブ」という販売形態を視察。その後、スペインに移動し、ZARA の本社訪問と物流センターを見学といった行程でした。移動途

中には、店舗視察も行いました。

　参加者は、物流や物流に関連する企業、小売業やサービス業など、様々な分野から21名です。うち1名の大学生（私の教え子）は特別に参加させていただきました。

■視察先について

◆ベルギー・NIKE社

　アメリカに本社がある世界的なスニーカーやスポーツウェアのNIKEのヨーロッパの物流センターは、ベルギーにあります。ベルギーにはアントワープ港があり、またオランダのロッテルダム港にも近いです。この2つの港は、ヨーロッパを代表する大規模な港です。また、道路網、空港、鉄道へのアクセスが良く、ベルギー、オランダ、ルクセンブルグのBeneluxには2,000以上の物流センターがあるとのことです。

　今回訪問したNIKEの物流センターは1995年にスニーカーの物流センターとしてスタートし、それ以降、スポーツウェアも取り扱い、敷地を拡大しています。IT化、機械化などが進んだ大規模な物流センターです。

　私が驚いたのは、現場のあちこちにホワイトボードがあり、そこに、「発生した問題」「その原因」「解決策」「効果」などが記載されていたことです。まるで、日本の物流センターでやっている現場改善活動のようでした。

◆フランス・シャンパーニュ地方

　ワイン醸造業のドゥーツ社（DEUTS）の醸造所と貯蔵庫を見学させていただきました。貯蔵庫は、醸造所から階段で

地下に降りて行き、ワイン畑の地下にありました（暗く、ヒンヤリして、湿度もあり、鍾乳洞の中にいるような感じ）。その中に、通常のワインボトルの2倍くらいの大きさのボトルが丁  寧に積み上げられ、貯蔵（熟成）されていました。このボトルを積み上げる作業は、大変な労力のようで、以前、合理化のために、メッシュボックスパレットのような容器を試験的に使ったことがあるそうです。しかしながら、長期間貯蔵するため、湿度で金属が錆びて使用は諦めたとのことでした。

　見学後は、ドゥーツ社長も交え、参加者一同、素晴らしい料理とシャンパンをご馳走になりました。AZ-COM 丸和・支援ネットワークの視察に参加していなければ、こんな経験はできなかったと思います。

◆フランス・ブルターニュ地方

　フランス北西部のブルターニュ地方では、農産物、水産物、畜産物の産地や物流センターを訪問しました。健康志向から、日本で言う「かにかまぼこ」は、現地では「Surimi（スリミ、すり身）」と呼ばれ大人気とのことでした。

　さて、物流の視点から見ると、農産物や水産物などの第1次産業、あるいはそれらの加工品の産品の物流は、とても厄介です。冷蔵などの必要性があったり、ニオイや水濡れなどが起こるからです。また、1ケースの重量が、けっこう重いということもあります。

　今回視察した場所では、荷役作業は機械化が進んでおりました。また、写真のように、段ボール箱やプラスティックケースなどの外装箱の標準化も進んでおりました。ヨーロッパで広く利用されているユーロパレット（1,200 × 800）に、
段ボールもプラスティックケースもピッタリ納まっています。

　トラックへの積み込みはフォークリフトでのパレット荷役です。日本では、農産物などは、積載率を考慮して手積み手降ろしといったバラ荷役が多いと思います。一方、ヨーロッパでは積み込み・積み降ろしの時間短縮、作業者の肉体的負荷軽減を考慮し、パレット荷役が普及しています。ドライバー不足、人手不足の日本でも、大いに参考にすべきでしょう。

◆ドライブという販売形態

　新たな販売形態である「ドライブ」も視察しました。視察したのは、フランス大手小売業のルクレール社が運営する「ドライブ」の店舗です。

　会員登録した消費者が、パソコンやスマホで発注した商品を自家用車で店舗に引き取りに行くスタイルです。たとえば、会社員の方が、自宅と会社の通勤途中にある店舗に、昼休みにスマホなどで商品を発注し、引き取り時間を伝えておきます。仕事が終わり、自家用車で帰宅途中にドライブの店舗に寄り車を停めて会員カードをスキャンすると、店舗スタッフが発注した商品を持ってきてくれるというものです。

利用者はここに駐車し、会員カードをスキャン。中から店舗スタッフが発注された商品をすぐに持ってきてくれる。

　「ドライブ」の店舗は、ドライブ専用店舗で、店内に顧客が入ることはないために、店舗というよりは物流センターのような感じです。

　通常のスーパーだと買い物する時間と手間が必要ですし、ネットスーパーや通販だと自宅で配達を待たないといけません。「ドライブ」だと、店舗に到着するとすぐに商品を持ってきてくれるので、とても便利だと思いました。

◆スペイン・ZARA 社

　ファストファッションの世界的ブランド ZARA のインディテックス社の本社は、スペイン北部のラ・コルーニャ地方にあります。物流センターは本社に隣接し、本社も物流センターも巨大な建物です。本社には、デザイン部門、試作品部門、生地・部材の調達部門などもあり、生産は近隣の縫製工場でも行っています。海外生産品も含め、完成した商品は、この物流センターから世界各地の店舗向けに発送されます。世界規模のアパレル会社のサプライチェーンの中心部を見学できました。

■ヨーロッパの物流の特徴

　ヨーロッパの物流の特徴は、「標準化」「省力化」「環境負荷軽減」の３つだと私は考えています。

　「標準化」には、２つの意味があります。１つは、「規格などを揃える」といったことです。今回、ご紹介したように、ヨーロッパで広く普及しているユーロパレットは、その代表格と言えるでしょう。もう１つは、「誰でもできるようにする」という意味で、業務をシンプル化して、新人や外国人の作業員でも、すぐに即戦力になるようにしています。

　「省力化」とは、機械化やIT化を進めるとともに、手積み手降ろしなどの人手による荷役の削減です。業務をシンプル化しているからこそ、省力化も実現できると言えるでしょう。

　「環境負荷軽減」については、CO_2の排出量を削減するなどの取り組みです。

　今回の視察では、「標準化」と「省力化」について、多くを学ぶことができました。特筆すべきは、物流の合理化が難しい農産物などでもそれを進めている点であったと思います。

■おわりに

　AZ-COM丸和・支援ネットワークの海外視察は、物流センターだけではなく、店舗視察や生産地、工場なども見学できることが魅力だと思います。生産・物流・販売といったサプライチェーン全体を理解できたので充実した視察でした。

Omi's Eye

シンプルで環境配慮のナイキ・ラックダール物流センター

　ナイキは1972年設立の米国オレゴン州に本社を置く、スニーカーやスポーツウェアなどのスポーツ関連商品を扱う世界的企業だ。社名の由来  は、ギリシャ神話の『勝利の女神ニケ』からきている。創業者のフィル・ナイト氏はオレゴン大学陸上チームの有望なアスリートだった。1979年にはアメリカ人の3人に1人がナイキのシューズを履くほどの人気で、1984年のロサンゼルスオリンピックではナイキを飛躍的に成長させた。

　ところで、長年ナイキはヨーロッパに32か所の物流センターを持ち、商品を各地にデリバリーしていたが、その基本理念は、地域市場との関係を維持し、顧客との迅速なコミュニケーションを維持することだった。しかし、その結果地域の物流センター間にサービス面での品質に差異が生じて、多在庫にもかかわらず欠品が多発するなど商物両面で多くのムダが発生していたため、EU化を機に集約した。

　ナイキがヨーロッパの集中拠点をベルギーに決めた理由は、海外製品の輸入港に近く、ヨーロッパの中心に位置しており、ヨーロッパの75〜80％の顧客に48時間以内に注文商品を届けられることからだった。また、輸送の大部分が運河を使った水上輸送であることも特徴のひとつだ。取り扱い品目は約5万アイテム。年中無休24時間稼働。

1994年9月にこの再編成の第一歩として、スポーツウェアの物流センターが完成、翌年スポーツシューズの物流センターが稼働している。この結果、ロジスティクスの効率が上がり、また配送と保管のコストが減少し、顧客サービスも改善された。スポーツウェアのセンターは、バーコードを使った物流管理システムにより商品の行き先が指示され、搬送されるコースやその間の処理はすべて中央コンピューターによりコントロールされている。アパレル部門の総面積は37,200㎡で、約11,600枚のパレットと10万個以上のケースが保管可能で、シューズのセンターは、約25,000パレット、7,500ケースが収容可能である。そのシステムは1時間で約3,000足の処理能力を持つ。

シンプルなナイキの物流システムの象徴として、メインコンベアが陸上競技の400mトラックにたとえられるハイウェイの環状線のようになっており、多くの工程を起点とするコンベアとつながっている。

ところで、ヨーロッパの企業はどこも環境対策に熱心で、ナイキでも物流センターで出るゴミの96%をリサイクルしている。たとえば、シューズの場合は底のゴムを取り、路面の舗装に使っている。ナイキはアメリカ企業だが、環境対策に風力発電や太陽光発電の装置を導入し、地熱利用の空調システムまで設置している。

（2015年8月訪問）

※※※※※※※ *Omi's Eye* ※※※※※※※

スペインの北端ラ・コルーニャから世界を俯瞰する

インディテックス（ZARA）本社・物流センター

■インディテックス（主要ブランドZARA）

インディテックスはスペインを代表する世界的なファッションブランド製造小売業（SPA）。スピーディーで効率的なサプライチェーンで、年商は専門小売業トップの約3兆4,000億円、88か国に店舗展開している。日本では2005年完全子会社化以来60店舗を展開し、世界中では7,469店舗（内ZARAは2,142店舗）を擁する。創業者は前会長のアマンシオ・オルテガ氏である。

■インディテックスデザインセンター

デザインの基本は世界各地に配置したスタッフによるファッション情報で、地域ごとに直接このセンターに送られ毎週のように検討される。製造のうち、ベーシックデザインは外注で、量産品はアジアのインド、カンボジアで縫製され、流行の先端を行くファッション商品はスペインで縫製している。各店舗には情報用のPDA（ポータブル端末）があり、販売情報が随時本部に送られてくる。もちろんPOSからも情報は取っているが、人と人との対話による情報を大切にし、時間をかけている。

デザインができるとコンピューターで型紙を作り、布地を型取りする。裁断はコンピューターによるコントロールカット。生地は常に800万mあり、自動倉庫に保管されているが、流

行に対応して染色をするため無地で保管している。徹底している
るのは本社内にモデル店舗があることで、実際の店と同じ什器、
同じ商品が陳列されており、新商品が発送される前に様々な販
売施策が検討され、また社員教育にも使用されている。

　かくして商品はラ・コルーニャにある中央物流センターから
世界の店舗へ向けて一晩で出荷される。ヨーロッパの店舗は
24時間以内、アメリカ48時間、日本へ72時間で配送される。

■**インディテックスの物流センター**

　サラゴサ、レオン、マドリード、ラ・コルーニャの4か所あり、
中でもラ・コルーニャにある本社隣接の物流センターは5階
建て50万㎡の広さである。商品の仕分けにはハンガー用の保
管レールとハンガーソーター、それにフラットウエア（シャツ・
セーター）用のダブルソーターが使われ、仕分け機への供給と
排出は完全自動化。アパレル関係の物流センターとしては最も
自動化されたセンターである。スペースの80%はハンガーも
のに使われており、レールの全長は26km、処理能力は1時間
6万着、1週間360万着を出荷。物流システムは"直流"方式（日
本ではしまむらが採用）。この方式により、①生産から販売ま
での時間短縮、②在
庫削減による在庫回
転の向上、③トータ
ルでの物流費削減、
④市場の変化への迅
速な対応などを実現
している。

（2015年9月訪問）

Omi's Eye

シャンパーニュのオートクチュールと言われ、
ピノ・ノワール100%ワインとして知られる

180年超の老舗ワイナリー・ドゥーツ（DEUTZ）

シャンパーニュで180年を超える老舗ワイナリー『ドゥーツ』の本社は、パリから車で南東へ1時間半のピノ・ノワール100%ワインとして知られるアイ村にある。創業は1838年、ウィリアム・ドゥーツ氏とピエール・ユベンル・ゲルテルマン氏が始めた家族経営のワイナリーだったが、1993年ロデール・グループが資本参加し、その後同グループの100%子会社となる。シャンパーニュ地方の老舗ワインメーカーで120種/3,500hl（ヘクトリットル）ものリザーブワインを持ち、世界80か国に出荷されている。

ドゥーツが直接所有する畑は42ヘクタールで全生産量の約25%。年間生産量は100万本と少なく、シャンパーニュのオートクチュールと言われる。また、ドゥーツのシャンパンはフランス中のミシュラン星付きのレストランで愛されているが、特にパリの三ツ星レストラン『タイユヴァン』や香港のペニンシュラホテルなどの有名店に卸しており、その品質の高さは証明済である。自社畑以外にアイ村周辺30kmに契約農家を持つなど、近ければチェックする上で利点があると、畑にもこだわっている。

収穫には100人を雇い、葡萄をプレスした一番搾りしか使用せず、醸造は樽ではなくステンレスタンクを使用し温度調節をコンピューターで管理。繊細でデリケートな味を大切にしており、毎年1月に社長、セラーマスター、醸造家、ドゥーツ家の子孫の4人でその年どのようなブレンドにするかを決めている。また、そのときの状態でリザーブワインの量を決定している。通常は20%使用しているが、年度によりその量が異なるのは、味を統一するためと、保証にもなるためである。これは同じ味を作り続けることの大変さであり、収穫してから店に出るまで最低でも4年がかかっている。

　蔵の随所に良いシャンパンを作ろうとするこだわりが見られ、品質を一番に考えていることがひしひしと伝わってくる。葡萄畑の地下20メートルのところに貯蔵庫が掘られており、シャンパーニュ地方の代表的な土壌である石灰がむき出しになった壁を触ると、しっとり湿っていて少し弾力が感じられる。貯蔵庫の気温は常時11℃、湿度は90%とシャンパン醸造には理想的な環境で、泡が小さくデリケートな製品に仕上げるためには温度、湿度の安定が欠かせない。最後に、普段はバイヤーしか訪れることができないフランスの素晴らしい老舗ワイナリーで用意される昼食では、料理ごとに饗されるワインに得も言われぬひとときを体験できるのも見逃せない。

（2015年8月訪問）

33

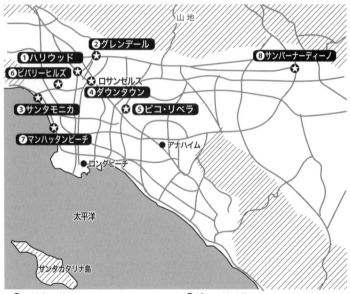

第2回
ロサンゼルス視察

訪問先
ハリウッド／グレンデール／サンタモニカ／
ダウンタウン／ピコリベラ／ビバリーヒルズ
日　程：2016年2月23日〜29日

❶ハリウッド
・ウォルグリーン
❷グレンデール
・アメリカーナ・アット・ブランド
・グレンデール・ガレリア
❸サンタモニカ
・サンタモニカプレイス
❹ダウンタウン
・フェデックス・オフィスプリント＆シップセンター
・UPS ストア　　・セブンイレブン

❺ピコ・リベラ
・ピコリベラ・プラザショッピングセンター
❻ビバリーヒルズ
・シタデル・アウトレットモール
・ウエストフィールド・センチュリーシティ
❼マンハッタンビーチ
・ブリストルファーム・マーケット
❽サンバーナーディーノ
・アマゾン・フルフィルメントセンター

日次	月日(曜日)	視察経路	訪問地	摘　要
1	2月23日 (火)	成田空港 成田空港 発 ロサンゼルス 着	①ハリウッド	空港集合 デルタ航空の直行便にてロサンゼルスへ 到着後、入国審査 ◇グローヴ、ファーマーズマーケット ◆ウォルグリーン　＊店舗スタッフとのQ＆A実施 ◇ホールフーズ 【ロサンゼルス泊：ミヤコホテル】
2	2月24日 (水)	ロサンゼルス 滞在	②グレンデール ③サンタモニカ	・アマゾンの翌日受取の注文体験 □セミナー＜内容＞ 　・米国のオンライン販売動向やその背景 　・主要小売各社のオムニチャネル戦略の概要や最新サービス 　・3PLを含む物流企業やアマゾンの物流体制のビデオ上映 ◇アメリカーナ・アット・ブランド ※ノードストロームアプリ（オンライン注文・ストア受取） ◇グレンデール・ガレリア ※メイシーズアプリ（来店ポイント、在庫確認、オンライン注文・ストア受取） ※グレンデール・ガレリアアプリ ※ショップキック（プロモーションアプリ） ※ショップサビー（価格比較アプリ） ※カーブサイド・ピックアップ ◇サンタモニカプレイス～サードストリートプロムナード ※アーバンアウトフィッターアプリ ※ポタリーバーン・デザインサービス 【ロサンゼルス泊：ミヤコホテル】
3	2月25日 (木)	ロサンゼルス 滞在	④ダウンタウン ⑤ピコ・リベラ ⑥ビバリーヒルズ ④ダウンタウン	◇フェデックス・オフィスプリント＆ショップセンター ※フェデックスアプリ ◇UPS ストア ◇ピコリベラ・プラザショッピングセンター ◇シタデル・アウトレットモール ◇ウエストフィールド・センチュリーシティ ◇セブンイレブン ※前日に発注したアマゾンの商品をアマゾンロッカーにて受取る 【ロサンゼルス泊：ミヤコホテル】
4	2月26日 (金)	ロサンゼルス 滞在	⑦マンハッタンビーチ ⑧サンバーナーディーノ	◆ブリストルファーム・マーケット見学 ◆アマゾン フルフィルメントセンター見学 【ロサンゼルス泊：ミヤコホテル】
5	2月27日 (土)	ロサンゼルス 滞在		流通視察（スーパーマーケットツアー） ・ヒスパニックスーパーベラルタ ・ゲルソンズ・ロングビーチストア ・レイジーエーカー、ボンズパビリオン 【ロサンゼルス泊：ミヤコホテル】
6	2月28日 (日)	ロサンゼルス 発		デルタ航空にて成田空港へ
7	2月29日 (月)	成田空港 着		着後、入国手続きの後解散

見学場所：◇視察（自由視察）、◆視察（アポイント有）　○下車観光、●車窓観光

言葉や文化の違いに触れた米国視察

株式会社加藤物流

加藤　好広

■初めての米国の地で感じたカルチャーショック

　アメリカに到着した日のウェルカムディナーに出てきた、肉の大きさにまず驚きました。和佐見代表から肉を分けていただいたのですが、残すのももったいないと思いコース料理をすべて平らげた結果、ホテルに帰るときは苦しくて大変でした。そこで最終日まで胃腸薬を携帯することにしました。

　フードコートで食べたケバブは口に合わなかったので、聞いていた通り「アメリカ人の満足感＝満腹感」ということを実感しましたが、カリフォルニアロールやうどんやラーメンなどの日本食がどこにでも売っており、またハンバーガーなどの無難な食事を選んで食べていたので、不自由はありませんでした。ただ、ハンバーガーを頼んだとき、違うものが出てきても言い直すことができませんでした。日本だと手元のメニュー表があるので指をさせば「コレ」で済むので、全般的に言えることですが、日本の方がサービスは細やかで良いと思います。

　今回は食べませんでしたが、滞在したホテルの前にあったラーメン屋に毎晩行列ができているのには驚きました。アメリカ人も行列に並ぶことが意外でした。また、皆さんと買って分けた昼食が余ってしまってゴミ箱の上に置いたところ、スーツを着た人が何の躊躇もなくそれを取って、席に座って食べているのには驚きました。

　アメリカでは金持ちはより金持ちに、貧乏人はより貧乏にという格差がはっきりしているとの説明がありましたが、街のあちこちにホームレスがおり、さらに街から離れていくと有刺鉄線が四方に敷かれた家が立ち並び、治安の悪さを実感しました。サンタモニカでは強盗の捕り物を目撃し、銃撃してもおかしくなかったと後で説明されて鳥肌が立ちました。

　立入禁止の地域があり、ホームレスが多く、格差社会の厳しい現実を見ました。その人たちは「HELP」という段ボールを掲げているのですが、空腹で動けないのか寝そべっています。これでは共感など得られないと思いました。私が大阪で見たホームレスは、土下座で頭を地面につけ、箱を両手で持ってじっと差し出す姿勢にはまだ謙虚さ（？）を感じます。

　また、格差社会は経営戦略にも表れており、高級志向のブリストルファームのように色鮮やかに陳列されている店もあれば、商品をただ置いただけのホコリも気にしない1ドルショップもあり、ターゲットの違いがサービスの違いにも表れています。

■オムニチャネルとアマゾン視察

　私自身はスマホを持っていないので、日本でもどのような
アプリがあるのかよくわかっていませんが、チラシの情報や
ネット通販の比較サイトはあっても、アメリカのように店舗
ごとの価格比較アプリはまだないのではないでしょうか。

　また日本では、機械にタッチすればポイントが貯まるとい
うサービスがありますが、店舗に入るだけで来店ポイントが
貯まるのも便利だと思います。ほかにもバーコードを読み
取って価格比較ができたり、買いたい物が店のどの位置に
あって在庫が何個あるのかを教えてくれたり、実店舗に買い
物に来てもらう工夫がよくわかりました。

　逆にトレーダージョーはネット販売をやらずに店舗で勝負
しているそうで、配置やポップなど現場に任せており、顧客
満足度も高く、従業員も働きやすい環境とのこと。これで会社に利益も出ているなら、「三方良し」の理想的な形ができていてこれはこれで学ぶべきことです。

　今回見た屋外型のショッピングモールは、噴水があって音楽に合わせて水が出た

り、路面電車が走っていたり、ホテルのような駐車場だったり、テーマパークのような施設で、日本にある屋内型の吹き抜けでは敵わない、雨が少ないからできる自然の開放感があり気分が良かったです。

一番印象に残ったのはサッカー場28面分の広さがあるアマゾンセンターです。システムによる効率化だけではなく、誰でもできるように標準化、安全ルールの徹底、福利厚生の充実、アマゾンの見えない部分のすごさを実感しました。

また、「KAIZEN（改善）」と掲げられた合言葉や「Gemba Board（現場ボード）」と書かれたホワイトボードはトヨタを参考にしているとのことで、日本人として誇らしいとともに、このような大きなシステムがあっても、基本の重要さを改めて学ばさせられました。また、理念である「Customer Obsession（顧客満足への執着）」というおごらない姿勢、挑戦する姿勢は見習いたいものです。

オムニもアマゾンも共通して、IT、特にスマホの活用が欠かせないことが再確認できました。

ITの発達で簡単かつ安価になり、昔と違って当社のような中小企業でも取り入れやすくなったと思います。運送業では臨時の仕事をマッチングさせるネットサービスが出てきました。また、デジタコも進化し、正確でリアルタイムな情報が取得でき、日報や日々収支に活用できるとのこと。日々のルーティン作業がIT化し効率化できれば、ムリ・ムラ・ムダがなくなり、ほかの仕事に取り組めば皆の能力も向上でき、ひいては会社の成長につながると期待しています。

オムニチャネル視察とアマゾン物流センター見学

日野自動車株式会社

橋本　慎一

■はじめに

　トラック・バス製造販売業の日野自動車は、異業種業界や世界の動きを肌で感じる機会は少なく、今後の社の取り組みに生かせる可能性を期待し、物流部門の2名を含む計3名で参加させていただくことになった。

　私ども日野グループは、物流業界の運輸部門の一端を担っているが、リーマンショック後、貨物運送事業者の車両保有台数は減少し、今後も大きな伸びは期待できない。

　また、車両の長期保有化が進み、特にアフターサービスの重要性が高まっている一方、車両整備や物流に携わる「人材不足」が顕在化し、これまでのような人に依存した仕事のやり方では立ち行かなくなることは必定である。

　「オムニチャネル体感」では、サービスの質向上や多様化するニーズに少ない人材でどう応えるのか、日本の物流業界はどのように変化すべきかを考える良い機会となった。

■オムニチャネルについて

　今回のセミナーで、オムニチャネルとは「顧客シェアを上げる（囲い込み）手段のひとつ」であるという説明をいただいた。

　我々は目先の受注台数や保有シェアなどの状況に目線が向きがちになるが、車両が生まれてから廃車になるまでに必要

な商品・サービスをタイムリーに提供することにより、日野車のお客様の利益への寄与度が上がり、結果として囲い込みにつながるという視点が必要となる。

日野車ユーザーが新車購入時だけではなく、中古車・車検・整備・部品販売・保険など幅広く弊社を活用（利用）するなど、お客様の売上と利益向上の一助となる活動を「トータルサポート」と称して全社で活動を進めている。

お客様のお役に立ちかつ信頼関係を深めロイヤリティーを育んでいくオムニチャネルの活動は、弊社に通じるものがあり大いに勉強となった。

実際のオムニチャネルの体感では、消費者の様々なニーズに合わせた商品の購入方法や受取方法など新しいサービスの提案をしていることが新鮮であった。

日本においてもオムニチャネルを取り入れている企業はあるようだが、まだまだお試し期間というレベルで、進んでいるアメリカと何が違うかの比較をしていくとより理解が進むことになる。

今やスマホやタブレットを年配者までが活用し「情報をやり取りする」時代となり、さらに普及が加速しネットや通販での購買層が増える流れは止まらない。オムニチャネルの利便性が日本でも認知されるようになると、高齢化社会や買い物弱者の増加に伴う普及が予見される。

販売側と購入者側が相互に情報をやり取りすることで機会（購買確率）が増え、情報がチャネル作りの肝となる。

一方、物流サービスの重要性は増し、物流企業は販売した物を届けるための小口配送（宅配便など）が右肩上がりで増

えてきている。各運送事業者はそれに対応する新たなサービスの提供も必須と考え、国内でも実施例が見られる。

- 配送状況の通知案内
- 宅配便のコンビニでの受け取り
- コンビニ商圏での御用聞きサービスとその関連品の配送
- 駅構内や周辺、商業施設で宅配便を受け取れる宅配ロッカーの設置
- 日本郵政とコンビニの提携で受け取れる郵便局やコンビニ店舗の場所と時間の指定
- 商品の在庫状況の確認や在庫店舗から希望する店舗への商品の移動
- 洋服など通販で購入した商品の返品を減らすために、実店舗での試着サービス

　配送ドライバー不足の中でも先取りした新サービスが始まっている。

　国内のこのようなサービスに対して、アメリカの物流企業側のシステムや、運営方法なども勉強していきたい。

　サービスの質を良くしてお客様のニーズに合わせることはできても、物流のコストにどれだけ反映することができて、どれだけ売上や利益が上がるのか？　そのための表面には出てこない努力は？　など深堀りしていくと大きなヒントになってくる。

■アマゾン物流センター見学について

　日本で見慣れた物流倉庫とは違い、人が極力歩かずに棚入れし商品が手元に来る仕組みや自動的に梱包資材を選択し送り状も自動で出力する仕組みは、人材不足の日本でも導入が加速し少人化の助けになっていくであろうことを実感した。

　真の驚きは、それらをすべてアマゾン本社が企画しシステム開発して、全米の各倉庫はシステムの指示どおりに仕事をしていることであった。まずは理念ありきで、ブレずにやり切っているアマゾンは、形こそ違えどもトヨタの考えに通ずるものがあった。カイゼンというトヨタの言葉をアマゾン社員が自分の言葉として使っていることも印象的であった。

物流最先端の今を体験した米国視察

東部運送株式会社

川﨑　葵吉

■初めてのオムニチャネル体感にワクワクして踏んだ米国の地

　私は旅行前の説明会に参加したとき、「若い自分が参加して理解できるものなのだろうか」と緊張しておりました。そのとき、たまたま隣の席に座っていらっしゃった松下運輸株式会社の坂田社長が、そんな自分の様子を気にかけてくださったのか、「海外視察は初めてですか？」とお声をかけていただき、いくつか参考となるお話を聞かせていただきました。

　お陰で、肩に入っていた力が抜けていくのを感じました。

＜初日＞

　現地に到着して最初に訪れたところはメイシーズとウォルグリーンでした。現地に向かうバス内で視察会コーディネーターの近江先生や添乗員さんがアメリカという国に関わる様々な説明をしてくださり大変参考になりました。

　メイシーズでは大変多くの人が買い物に来ており、気候も暖かかったので、施設内の芝生で転がっている人なども見受けられました。施設内は日本でいうアウトレットパークのような造りをしており、中には映画館やGAPなどの洋服を売っている店、おしゃれな子供向けの店などがあり、人も多く活発な印象を受けました。ウォルグリーンはドラッグストアとスーパーマーケット及びコンビニを融合したような店舗形態

が特色になっていました。

　現在のアメリカの小売業の主流が、どんなお客様に対しても対応できるようにということで、オムニチャネルを用いたお客様誘致の手法もそのひとつだということでした。

　ホールフーズは都市型店舗の最新店舗で、現在若い人の職場や住宅環境が都市型集中に向かっており、そのため小売業も郊外の大型店だけではなく、都市部での小型店も散見されるようになったそうです。実際、店内はデリ部門が充実しており、そこで食事やコーヒーを飲んで休憩をしているサラリーマンや若い学生らしき男女も多く見られました。

<2日目>

　午前中に小売コーディネーターのジェイ広山先生からの講義を受けました。講義はアメリカのオンラインの販売動向やその背景、主要小売各社のオムニチャネルの概要などでした。講義の途中でアマゾンの即日配達、翌日配達の注文などを実践してくださいました。

　講義が終わると、本視察のひとつ目のメインであるオムニチャネルの実践視察です。グレンデール・ガレリアではショッ

ブキックアプリを用いたプロモーション及び来店ポイントの実践を行いました。アプリをインストールすると位置情報を用いて来店を告げるポップアップが画面上に表示され、クリックすることでポイントが加算されました。一定のポイントが加算された時点で割引として使用できる点などは日本向けにも使えるのではないかと感心しました。

メイシーズアプリを使って商品の在庫確認オンライン注文やストア受け取りなど、またカーブサイドのピックアップ場所の見学など、非常に面白い仕掛けがたくさんありました。

2か所目ではサンタモニカプレイスとサードストリートプロムナードを視察しました。近くに大きな海が広がっており西海岸特有の強い日差しと目の前の景色は日本の2月とはまったく違う情景が広がっていました。ここではアーバンアウトフィッターアプリなど用いたオムニチャネルなどがありました。そのほかにもポタリーバーンなどの家具用品店も視察しました。

＜3日目＞

フェデックス・オフィスプリント＆シップセンターの視察では、日本のキンコーズのように印刷や製本などが現地で製作可能で、通常の梱包、発送の業務も可能とのことでした。ただ付加価値サービスの提供がメインのため、単純に物流コストという面ではUPSなどに比べると割高なイメージがありました。しかし、それは顧客の利便性と収益のバランスを加味した上でのサービス提供であるので、対価という意味では、少なくともアメリカ国内では「高い」よりも「便利」優

先ということなのかもしれません。

　次の UPS ストアは小さなオフィスながらフェデックス同様に梱包作業も行え、また都市部のオフィス街に近いせいか私書箱の取り扱いが多く見受けられました。

　次のピコリベラ・タウンセンターは、ウォルマートやローズホームセンター、ウォルグリーンやマーシャルズなどが入っており、規模としては日本のイオンに近い面積を誇る 4,000 ～ 5,000 坪の平屋建ての大きなセンターで、スーパーセンターと呼ばれる規模でした。ウォルマートのセービングキャッチャーアプリやオンライン注文、ストア受け取りの仕組みは今の日本の在庫システムとは異なり、実店舗の在庫情報がアプリ上から見ることができて、実際に注文すると 1 分前後にはアプリ上の在庫に反映されることがすごいと思いました。

　日本では実店舗にある在庫をアプリ上に表示しているわけではなく、流通在庫の有無で判断していることが多いと思います。若干のタイムラグを受け入れてもサービスを提供する「顧客の利便性が高いので採用する」「良いものをすぐに取り入れるスピード感」というものは日本にないものであると感じました。

　ローズホームセンターでは、さらに一歩進めて在庫数もさることながら、位置情報と地図アプリを組み合わせて、その商品がホームセンターのどのあたりにあるのかアプリ上の地図から見えるという仕組みは、日本のホームセンター（ビバホームやコメリやカインズホームなど）でも活用されないだろうかと思いました。

　また、自分たちの持つ商品のバーコードをカメラで読み取ってその商品が店舗に存在するのか、近くに店舗はあるのか、在庫はいくつあるのか、ということをアプリで検索、表示させる機能も大変便利な機能だと思いました。

＜4日目＞

　ブリストルファーム・マーケットは小さなスーパーマーケットではありますが、とても工夫が施されたスーパーであり、アマゾンとも提携してピックアップサービスを行っていました。ここでは惣菜やデリコーナーに力を入れており、惣菜商品を工場で調理して店舗で温めるのではなく、店舗のオープンキッチンで実際に調理が行えるよう新たにオーブンを導入したり、サラダコーナーでは顧客がオープンスペースでサラダを自分で選べるように工夫していたりしていました。

スープデリコーナーは月に 8,000 ドルから 12,000 ドルも売上を上げるそうですが、その背景には最近のアメリカ国内の健康志向への変化があり、そのため食材や製作の品質、従業員のサービスの質にも目を向けられるなど、日本でも見られるような【質】の充実が求められているようでした。ただ日本と異なり、過剰なまでの【質】を求めるのではなく、あくまでも顧客が求める範囲、サービスと価格

のバランスを取った上での品質の追求であるようでした。

　アマゾンと提携したピックアップサービスは、アマゾン側から提案されたサービスで、ピックアップ作業などはアマゾンと契約した社員が行っているとのことでした。日本では同様のサービスを行おうとすればピックアップ作業などは店舗側の負担となりそうですが、アメリカでは物流・サービス提供側のアマゾンがブリストルファーム・マーケット側にサービスを提供することで、利用されたサービスに見合った対価をアマゾン側が受け取るということでした。

　まだ試験的なものだそうですが、将来においてこうしたネット販売の規模が大きくなるようであれば、現在店舗側で展開している EC 事業を止め、アマゾン店舗に注力する可能性もあるとのことでした。

Omi's Eye

初めて目にした米国アマゾンの物流現場は規模も迫力も満点

Amazonサンバーナーディーノフルフィルメントセンター

　最近では米国リアル店舗小売業の常識ともなっているオムニチャネル戦略。その発端となった2000年代初頭からのEC旋風における代表企業はアマゾン。ロサンゼルスにあるアマゾンのサンバーナーディーノフルフィルメントセンター（SFF）の、その巨大さに圧倒される。

　SFFは、アマゾンの米国西海岸一帯の代表的な物流センターで2012年10月に稼働を開始している。アマゾンが2014年に買収した物流ロボットKIVAシステムはまだ導入されていない。2015年現在、アマゾンは米国内に73か所の物流センターを稼働させているが、その内、フルフィルメントセンターは14か所ある。サンバーナーディーノはロサンゼルスから東の内陸砂漠地帯を車で1時間（約100km）ほど行ったところにあり、敷地面積111,600㎡（サッカー競技場28面分）の巨大な施設で、まずその規模に驚かされる。

　従業員数は2,500名で最繁忙期（サイバーマンデイ）は7,500名にも膨れ上がる。出荷コンベアの全長は15km、保管在庫アイテム数は1,400万（最繁忙期は2,100万）、最大出荷数は500Ships/秒、5,000万Ships/日。在庫の内、ベンダー在庫は60%、買い取り在庫は40%となっている。

　また、在庫管理は無駄のな

いフリーロケーションシステムで、作業は完全にコンピュータシステムによって指示命令がなされ、標準化した最適作業を追求し、人的ミスをできるだけ排除す

るように作られている。ここでは熟練者でなくても就業でき、労働時間も1日10時間、週4日が厳密に守られている。

　特に興味深いのは、たとえば、手を切ることがないようにと手袋や安全カッターなど小物備品の自販機（スタッフは数量限定で無料）があちこちに設置されているなど、安全第一が徹底されていることだ。また、倉庫内には医務室があり、看護師2人が常駐している。さらに驚かされるのが、従業員に対する福利厚生の手厚さで、働きながら就学できる様々な取り組みにより労働力の確保を実現しようとしている。1年間勤務すると奨学金の95％が取得でき、施設内に大学の先生を招いてのセミナーの開催、401k、ストックオプション、養子縁組の斡旋や育児休暇など、働く者にとって魅力的なものを揃えており、従業員確保に向けた取り組みの重視を強く感じることができる。

（2016年2月訪問）

（参考）フルフィルメントセンター（FC）とは、単なる「倉庫」ではなく、Amazon独自の最先端のシステムと設備で自動ライン化された最先端のハード・ソフトを備えた物流拠点で、通信販売やネット通販における、受注、梱包、発送、受け渡し、代金回収までの一連のプロセスを行うセンター。顧客からの注文に迅速に商品をパッケージングして出荷するという形態で、現場では入庫から配送までのそれぞれの工程管理が行われ、日本流のカイゼン活動や5Sにも取り組んでいる。

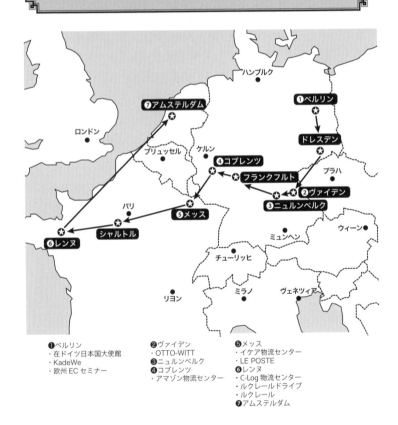

第3回
ドイツ・フランス・オランダ視察

訪問先
ベルリン／ヴァイデン／コブレンツ／メッス／レンヌ
／アムステルダム
日　程：2016年9月4日〜12日

❶ベルリン
・在ドイツ日本国大使館
・KadeWe
・欧州 EC セミナー

❷ヴァイデン
・OTTO-WITT
❸ニュルンベルク
❹コブレンツ
・アマゾン物流センター

❺メッス
・イケア物流センター
・LE POSTE
❻レンヌ
・C-Log 物流センター
・ルクレールドライブ
・ルクレール
❼アムステルダム

日次	月日(曜日)	視察経路	訪問地	摘　　要
1	9月4日 (日)	羽田空港 発 フランクフルト 着 フランクフルト 発 ベルリン 着		羽田空港集合 ルフトハンザドイツ航空にてフランクフルトへ 着後、乗換 ルフトハンザドイツ航空にてベルリンへ 【ベルリン泊：ベストウェスタン ホテル アム ポルジッヒトゥルム】
2	9月5日 (月)	ベルリン 滞在 ベルリン 発 ドレスデン 着	①ベルリン	◆在ドイツ日本国大使館 表敬訪問 ◆KaDeWe 訪問（ベルリン最大のデパート） ◆欧州 EC セミナー 専用車にてドレスデンへ（所要時間：約2時間15分） ホテル着 【ドレスデン泊：ドリント ホテル ドレスデン】
3	9月6日 (火)	ドレスデン 発 ヴァイデン 着 ニュルンベルク 着 フランクフルト 着	②ヴァイデン ③ニュルンベルク	専用車にてヴァイデンへ（所要時間：約2時間45分） ◆OTTO-WITT 物流センター視察 ニュルンベルク視察 ●旧市街散策 ホテル着 【フランクフルト泊：サヴォイ ホテル フランクフルト】
4	9月7日 (水)	フランクフルト 発 コブレンツ 着 メッス 着	④コブレンツ	専用車にてコブレンツ ◆アマゾン物流センター視察 ホテル着 メッス市農業収穫マーケットへ訪問 【メッス泊：メルキュール メッス サントル】
5	9月8日 (木)	メッス 滞在 メッス 発 シャルトル 着	⑤メッス	◆イケア物流センター、視察後イケアカフェテリヤで昼食 ◆LE POSTE（フランス郵便の集配センター）視察 専用車にてシャルトルへ（所要時間：約4時間30分） ホテル着 【シャルトル泊：メルキュール シャルトル カテドラル】
6	9月9日 (金)	シャルトル 発 レンヌ 着	⑥レンヌ	専用車にてレンヌへ（所要時間：約3時間） ◆C-Log 物流センター（仏アパレル企業ボンパノワールの物流子会社） ◆ルクレールドライブ（ネット注文の受取場所）視察 ◆ルクレール（ハイパーマーケット）見学 ホテル着 【レンヌ泊：メルキュール レンヌ サントル ガール】
7	9月10日 (土)	レンヌ 発 アムステルダム 着	⑦アムステルダム	専用車にて空港へ KLM オランダ航空にてアムステルダムへ アムステルダム市内視察 ホテル着 【アムステルダム泊：ハイアット プレイス アムステルダム エアポート】
8	9月11日 (日)	アムステルダム 発 ミュンヘン 着 ミュンヘン 発		専用車にて空港へ ルフトハンザドイツ航空にてミュンヘン経由帰国の途へ 到着後、乗換 ルフトハンザドイツ航空にて羽田空港へ　　　　　【機内泊】
9	9月12日 (月)	羽田空港 着		入国手続きの後、解散

見学場所：◇視察（自由視察）、◆視察（アポイント有）　○下車観光、●車窓観光

大きな刺激とエネルギー、無類の知恵や蓄え

株式会社岡田運輸

木村　健児

　ベルリンの「在ドイツ日本国大使館」訪問から始まり、ベルリンで1907年創業、最高峰最先端のデパート「KaDeWe」を訪問、総面積6万㎡を超える8階建て館内では、ありとあらゆる世界の飲食一級品に囲まれ、バックヤード内でも社員の方々の温かな笑顔のおもてなしや喜働エネルギーに触れることができた。

　また「欧州ECセミナー」では、eコマースに纏わるオムニチャネルサービスと携帯ネットワーク構造の座学をし、ヴァイデン「OTTO‐WITT返品物流センター」では先進的なICタグを活用したハンガーウエアの返品処理技術やたくさんの職場環境改善・従事者負担軽減のヒントと出合った。

　ライン川とモーゼル川が合流する国内屈指の美しい町コブレンツに行ったときは、広大な敷地にそびえ立つ「アマゾン物流センター」と、メッスの青い要塞「IKEA物流センター」、ともに雄大なスケールに圧倒驚愕させられた。

　それでは私にとって特に印象深かった2つの視察地について次の通りポイントのみ報告する。

■アマゾン物流センター　（ドイツ：コブレンツ）

　オープンは2012年11月、延べ敷地面積は86万㎡、従業員数は1,500人（ドイツ国内では1万人内）だが、クリスマス時期などピーク時はさらに1,000人臨時増員される。100

か国以上からの従業員がおり、誰もがドイツ語でコミュニケーションをとっている。アマゾンの年間売上高13兆円はウォルマートに次いで世界第2位。出荷ミスは100万個当たり3,000個と日本に比べて多いが、精度よりコストやスピードを考慮した合理的な判断がなされ、職務遂行上システム化・標準化・規律化が特に重んじられている。

　企業コンセプトは「価格・品揃え・利便性の追求」としている。商品は倉庫に入荷されてバーコードをスキャンした瞬間に在庫品とみなされ、クイック・デリバリー化されている。福利厚生も充実しており、従業員の賞与ポイントとしては病欠なしやチームワークアピールをすればそれぞれ2％の増額や、2年間従事すれば社員に毎年1,450ユーロ（約20万円）分の株分配があるとのこと。社内は通年エアコンで一定に温度管理されており、肉体的疲労の軽減緩和のために足下マットを使用したり、商品整理棚を視覚的に色区別したり、と作業効率向上への配慮がなされていた。

　また、運搬ツールのユーロパレットサイズを 1,200mm × 800mm に統一したり、誰でも同じ作業ができるようにハード・ソフト双方で標準化を推進したりしている。社員教育は充実していて、仮にアマゾンから他企業に転職してもどこでも通用するスキルが身につく。近隣の企業の新入社員の平均月給が 1,600 ユーロ（216,000 円）のところ、アマゾン新入社員は 2,000 ユーロ（270,000 円）となっており、アマゾンが近隣企業の賃上げや若年層の地域での留まりと雇用促進に一役買っているようだ。

　アマゾン戦略の「会員配送料無料サービス」により集客率を上げることで、アマゾンプロファイルの顧客情報が充実した。このサービスは、今年 1 月から開始されたアマゾンダッシュという高齢者向けの生活必需品（米、水、調味料など）自動発注システムと連動し、ドル箱戦略となっている。今後 e コマース市場が発展し競争が激化する中にあって、電子書籍やプリントオンデマンドで在庫費用を低減させ、音楽配信や有名ブランドファッション品分野でも品揃えを拡張している。優れたサイトや流通ノウハウを持つアマゾンは、ほかの企業に比べて大きな優位性を生かし、次々とお客様目線でのサービス提案をしながら進化をしていくことと思われる。

■イケア物流センター（フランス：メッス）

　全社の店舗数は、世界 36 の国と地域で合計 280 店舗（内 24 か国、246 店舗が直営店で、その他はフランチャイズ方式、各店舗のマネージャーの 48％が女性である）。従業員は世界各国で 125,000 人を超え、仕入先は 50 か国（中国 22％・ポー

ランド 16％・他主要 5 か国で 58％占有）、1,350 社、9,600 ア
イテム、年間売上高 3 兆円（2007 年時点 198 億ユーロ：ド
イツ 16％・アメリカ 10％・他主要 5 か国で 51％占有）。メッ
ス店舗では年間取扱商品量は 130 万㎥、センター車両出入庫
スペースは 89 バースにもなる。商品カタログ発行部数は 2
億 5,000 万冊。

　イケア（IKEA：アイケアとも呼ばれている）は、1943 年
にスウェーデン人のイングヴァル・カンプラード氏が創立し
た。「IKEA」社名の IK は創業者の頭文字、EA は創立者由
来地のエルムタリッドという農場名とアグナリッドという村
名の頭文字から構成されている。

　企業コンセプトは「シンプル・現実的・適正価格」。経営
方針として、お客様の日々の生活の充実、価格設定は適正品
を適正価格で提供、適材適所を考えた従業員配置、スキルアッ
プ向上と昇格支援プロモーション。商品づくりをする上では、
廉価でデザイン性と機能性とクオリティ性に優れ、長持ちで
あることとしている。

　さらに、店舗内でお客様が購入したい商品をスタッフに聞
かなくても見つけやすいようにしており、店舗案内員の人員
を抑えることで、人件費低減、商品価格の維持につながって
いるという。

物流が同時に「付加価値」や「新たなサービス」を生み出すきっかけにもなり得る

暁運送株式会社

脊山　享赳

　今日、メーカーにおいても小売業においても、「物流」は顧客へのより良いサービス、事業活動における収益化への寄与にとって重要な役割を果たし、洋の東西を問わず多くの企業で「物流戦略」として事業戦略の柱となっている。今回はヨーロッパ（ドイツ・フランス）における物流視察の中で、日本とは異なる部分、共通する部分、ともに多く発見することができた。また、その国・地域における生活のスタイルやモノ・コトに対する価値観の違いが、物流の仕組みにも色濃く反映されていることを再確認できた。

　WITT 社はアパレル製品のオンラインリテイラーであり、今回はドイツ南東部・ヴァイデンにある返品センターを見学した。ヨーロッパでの製品返品率は 30% 前後と非常に高く、この WITT も例外ではない。RFID を巧みに活用した仕組みも見学したが、ここでは労務環境における取り組みに一番感心させられた。

　返品商品のセンター入荷・検品からバーコードなどのラベリング、仕分け、自動倉庫への格納、そして再出荷・再出庫までの一連のプロセスがスムーズで、その中で機械と作業者の役割分担がクリアになっており、働き手にとってはとても働きやすいと感じさせる。

　労務面で同様に感銘を受けたのは、ドイツ・コブレンツにあるアマゾンのフルフィルメントセンターである。今回の視察現場の目玉であり、私自身も最も印象に残っている場所である。

　たとえば、2年以上の勤務で十数万円相当のストックオプションを享受でき、病気などによる欠勤がなかったり、チームのパフォーマンスが良かったりすると、追加でボーナスが出るなど、従業員にとって会社に貢献する動機のひとつとなる仕組みができている。

　IT化やシステム化に関しても、あまねく見学することができた。

　商品のセンター入荷後、「レシーブ」と呼ばれる場所で商品がスキャンされた時点で、即在庫としてカウントされ、販売できる状態になっていたり、書籍に関しては、フリーロケーションでの在庫管理、ハンディを用いたピッキングによる棚出しを行う仕組みが確立していたりと、定評通りスピードと効率性が見事に両立している。「アソシエイト」と呼ばれる現場作業者は、難しく煩わしいことを考えずにシームレスに作業を行うことができる。

　システム化によるスピードという面では、レンヌで訪れたC-Log社も印象的だった。C-Logはヨーロッパ・アジアを中心に6つのアパレルブランドを展開している仏衣料会社Beaumanoir社の物流子会社である。今回訪問したレンヌの物流センターでは、主力ブランドである"カシュカシュ（cache cache）"の国内物流を主に担っている。入るとまず

巨大な自動倉庫に圧倒される。

このセンターでは大規模な自動立体倉庫とWMSの仕組みを活用し、時間のロスや作業員の労務コストを大幅に削減している。商品は発注翌日に発送可能であり、たとえばバーゲン時など出荷量が10倍ほどに膨れ上がるときでも、通常時とほぼ同じタイミングで出荷できるとのことである。

ドイツとの国境沿いメッスにあるIKEAの物流センターでは、コストに対するアプローチが独特であると感じた。たとえば、従来の木材パレット（ユーロパレット）は主に保管時に使い、運搬用には独自の厚紙でできたパレットを活用し、物流コストや環境にも貢献している。

今回訪問した2つの小売業の現場では、日本ではあまり見ることのできない販売形式を発見できた。まず、フランス国内に約750店舗存在するルクレールドライブである。ルク

レールドライブは、協同組合形式で事業展開をしている店舗型のルクレールとは別の、いわばドライブスルー形式のような小売店である。お客様はスマートフォンなどネット上で生鮮食品や日用品の注文をしてから、家や職場の近くにある、自身が登録をしている「ドライブ」に商品を受け取りに行くという仕組みだ。日本ではコープ・生協をはじめとして自宅まで届けてくれるサービスはあるものの、自分の好きな時間に受け取りに行くというサービスは、ありそうでなさそうなサービス形態である。しかも注文後5分〜15分後には、スタッフがコンテナの中に注文品をまとめ、お客様は車のトランクなどにそれを入れてもらう、顧客・小売双方にとって、コストのかからない仕組みになっている。

　また小売側・店舗側にとっては、完全登録制なので、どういった購買層が何をどれだけいつ買うのかを、ログとして残すことができる。在庫戦略や将来の販売戦略などにも参考になるデータが獲得できることは大きなベネフィットである。実際の視察の中では店舗と隣り合わせでGSや洗車機もあり、またスタッフと顧客もコミュニケーションを楽しみにしているようで、効率的かつスマートで新しい消費活動だと感じた。

　顧客や販売者にとって、物流が、ただ単に「負担」や「コスト」なのではなく、同時に「付加価値」や「新たなサービス」を生み出すきっかけにもなり得るということを、今回の視察において、改めて実感できたことが一番の収穫である。

物流部門の重要性をつくづく痛感

東京日野自動車株式会社

柴田　知男

■小売業視察

　今年の2月にアメリカ物流視察に参加させていただき、今回は欧州物流視察に参加させていただき、アメリカの小売業とヨーロッパの小売業との差を比較することができました。

　大きく言うと、アメリカの新しいスタイルがヨーロッパに飛び火して、確実に順応するのを見てからそのスタイルを取り入れる、堅実な日本という図式が歴然としておりました。

　25年前、日本ではセブンイレブンを中心としたコンビニエンスストアーが小売業の先端を走っていた時代に、初めて渡米したときのことを思い出します。フロリダ州、オーランドに想像もつかないほど巨体なスケールのショッピングモールがあり、度肝を抜かれました。休日家族で訪れて、まるでテーマパークにでも行くように映画を見たり、ショッピングを楽しんだり、食事をしたり、今まで見たことのないスケールでした。豊富な在庫、商品陳列（スニーカーだけでもものすごい種類の商品）、感動と喜びを感じました。それから10年、日本もイオンを中心とした大型ショッピングモールの時代が来ました。日本のショッピングモールを見ると、アメリカの良い所が堅実に再現されています。

　そんなイオンも、先日の新聞で50億円の赤字に転じるとの記事を見ました。日本の小売業もいよいよ新しい時代へ動き出した、とつくづく感じています。

第
3
回

　話を戻して、アメリカの小売業は現在アマゾンを中心とした オンライン販売、またそれに対抗するオムニチャネルが主流で、コンピューター上の大型ショッピングモールの中の豊富な在庫を検索して楽しみ、購入したらいち早く手元に届く、新しいスタイルが構築されています。同様のスタイルが今回のヨーロッパでも見られました。今回視察したアマゾンフルフィルメントセンターでは、ユーザーが購入した商品がPCにピックアップされて、ピッキング、梱包、出荷までが、通常ではありえない速度で行われていました。コンピューター、物流機器、設備面の充実度は、計り知れないものです。アマゾンの快進撃は、創造と設備投資にあると実感しました。

　そんな現代的な小売業が猛威を奮っている中、ヨーロッパらしい古き良き物を大事にする風潮の百貨店 KaDeWe も視察しました。ベルリンで 100 年以上同じスタイルで商いを続けており、驚いたのはコンピューター管理せずに昔ながらの商品管理を続けていたことです。率直に時代遅れだと思いましたが、店内はきれいで、豊富な商品、ホコリひとつない清潔な商品。特に食料品コーナーは、通常入荷商品の出し入れを考慮して 1 階にあるのが普通ですが、KaDeWe では 6 階に配置して、購入した商品をその場で食べやすくし、また買い物したら降りて来る際にいろんな商品を見学しやすいお客様第一主義の配置に

なっていました。また、売れるか売れないかは抜きにして、お客様がワクワクするくらい豊富な品数、見ているだけで楽しめました。また商品加工場だけで75人もの調理人が働いており、惣菜コーナーも充実していました。これだけの従業員に給料を払うとなると売上、利益を確保するには相当苦労されているのかなあ、と思いましたところ、実はドイツ人女性は料理をほとんどしないため、惣菜コーナーは夕方ほぼ売り切れるとのことでした。

　現代のアマゾンのPC上の豊富な在庫と共通しており、「やはり人間は乏しい商品陳列よりも、溢れんばかりの豊富な商品に引かれて喜びを感じるものだ」と思いました。時代の流れで、人の感覚からPCデータ管理に変わっただけで、100年前も現代も商い精神は変わらないものだとつくづく感じました。我々自動車業界も、物流のサポートによって部品などの在庫管理で大きく躍進できると思い、物流部門の重要性をつくづく痛感いたしました。

■労働環境

　物流視察も中盤に差し掛かり、オンライン販売の返品センター（WITT、LSセンター）の視察も終えた移動中のバスで、ドライバーの労働時間がオーバーするため、ドライバーを交代させなくて

はいけないと知らされました。アメリカは自由な労働時間の
イメージがありますが、ヨーロッパでは労働時間、労働環境、
報酬など様々な分野で進んでおり企業の利益を設備投資に回
し、実労働者（現場労働者）の負担を軽減し、余った労力を
管理や新サービスの提案企画に投じるというスタイルです。
働いている人が生き生きとして、何より愛社精神や自分がこ
の会社で働いているという誇りを持っていました。

■まとめ

　今回、ヨーロッパの歴史と繁栄を目の当たりにして、非常
に勉強になりました。また繁栄している企業の良いところ、
悪いところを実感できました。

　そんな中で繁栄の共通点は、働く社員が楽に快適に仕事
ができるような設備投資・教育（ES）と、お客様第一主義
の体制・仕組み・サービス（CS）、この2本がしっかりと構
築されているところでしょう。これから欧米の良いところを
真似し、日本古来の良いところを継承して、世の中の役に立
ち、必要とされ
るサービスを心
がけて、仕事に
取り組みたいと
思いました。

Omi's Eye

返品可は重要な販促手段、迅速な再販処理が決め手

欧州通販最大手OTTO－WITT社の返品戦略

　ドイツ東部の田園の中に立つアパレル通販 WITT 社（OTTO グループ）物流センターは一つ一つの通路の照明も人に優しい配慮がなされ、センター内の休憩室もカフェのようで、ゆっくりと庭を見ながらくつろげる環境など、従業員にとって働きやすい環境が随所に見られる。その他、自動仕分機は通常金属製で無機質な風景になりがちだが、木材を中心に、センター全体が明るく、温かみが感じ取れるように設計され、ドイツ流の "人に優しい" センターであることを実感する。

　また、この WITT 社を傘下に持つ OTTO 社のハンブルク本社敷地内にある返品物流センター（グループ売上高 101 億 €、返品商品 18 万アイテム）でも同様に、センター内の各作業場の一角には木製のベンチとテーブルがあり、休憩は決められた時間内に自由に取ることができる。ここでは面白い現場マネジメント手法が取られている。具体的には従業員が担当する作業の処理時間がシステム化されており、時間より早く処理できた際にはボーナスとして、その分休憩時間が多く取れる仕組みだ。もちろん、このボーナスは休憩時間のほかに金銭的なインセンティブとして受け取ることもでき、従業員はどちらか好きな方を選択できる。ただし、金銭的には上限が設けられている。従業員のモチベーションをうまく引き出し、生産性向上につなげるマネジメント手法と見ることができる。また、日本のようなパートタイマー雇用はなく、ほぼ社員登用となっているが、そ

の背景には、「人口減少下の欧州では単価の高い社員登用でなければ人員確保が難しい」という事情がある。

　ところで欧州通販の返品率は約30%。日本では、ほぼ注文＝購入だが、ドイツでは、たとえばシューズであれば複数のサイズ違い商品を同時に注文し、自分の足に合うサイズの商品のみを購入、残りは返品するという。これに伴う返品は過剰な物流コスト増につながるため、なぜ返品を減らす努力をしないのかという疑問に、「厳しい販売競争の中では、返品可は通販売上の確保に何といっても有力な販促手段であり、返品を失くすことより売上拡大を優先している」とのことだった。そのため、購入者に商品を発送する際に、返品専用伝票、返品用袋を同封しているが、これは消費者からの返品処理を効率化する工夫であり、大事な顧客サービスの一環であるといわれる。

　OTTOの返品センターでは、入荷から検品、仕分け、クリーニング、たたみ、包装までを行い、入荷してから60〜90分で返品商品が再販可能な製品として在庫される。これによりトータルでの流通在庫は減り、無駄なものを製造しないことにもつながっている。因みに、返品の再販処理の過程で最終的に廃棄処分される率は1%程度とのこと。

（2016年9月訪問）

Omi's Eye

世界の今を先取りした新業態ルクレールドライブ

　ルクレールドライブという新業態には正直衝撃を受けた。というのも、小型の倉庫形式で、チェーンのHPに載せているすべての商品（在庫有りのものだけが表示されている）を選び、ネット上で決済し、受取時間を決め、「ドライブ」スペースで注文商品を受け取る、という忙しい人たちに寄り添うシステムだからだ。

　フランスでは2005年以降、この業態が急成長し、現在カルフールやその他企業も含めてフランス国内に3,500店ものドライブ店舗が存在する。ルクレールでは2010年からこの業態を開始し、2013年以降急伸、2019年国内の実店舗721店に対して、ドライブが690店舗。業績は5兆7,000億円、ルクレール全体の伸びの50%を占めるほどになっている。流行る理由として、インターネットやスマートフォンの普及率が高いこともあるが、フランスが車社会であること、共働きが多く宅配はかえって受け取りにくいこと、フランス人の性格（能動的、合理的）などが挙げられる。

　たとえば、直近でオープンしたサンマロ地方にあるドライブ店舗の取り扱いカテゴリーは、食品、乳製品、酒、雑貨、野菜、肉、一部薬品など、約8,000アイテムで、1階は冷凍品、冷蔵品、野菜、セット済み商品のドライ品、冷凍品、冷蔵品の置場、2階は食品、酒、雑貨、薬品の在庫置場となっている。

　営業時間は、8：30〜22：00で、最終引き取り時間が21：30。発注は野菜が毎日、それ以外は週1回で、欠品率は1%

くらいという。ピッキングの順番は、飲料、酒などの重量物からで、軽いものが上になるように決められている。ピッキングはハンディターミナルに棚番が表示され、指示に従い行う。店舗の外には、焼き立てフランスパンの自動販売機があり、24時間いつでも買うことができるのがいかにもフランスらしく、喜ばれている。

　その他、セルフガソリン給油所、セルフ洗車場が併設され、給油、洗車をしながら発注し、その場で商品を引き取ることができる。メリットは、ルクレールの普通店舗とドライブ店舗の価格が同じであるが、仕事の帰りなど都合の良い時間に取りに行けるので時間がかからず、お子様を連れていても車から降ろさなくてよく、重量物なども車に積み込んでくれるので、楽に買い物ができるところだ。通勤帰りの人々が次々と引き取りに訪れるなど、気さくなスタッフとのやり取りもあり、この販売スタイルは好印象を受けている。

　今話題の米国のダークストアや、店舗でのECの切り札的なマイクロフルフィルメントセンターなどの先駆けとも見られる。

（2016年9月訪問）

Omi's Eye

ルクレールスカルモールのシンプルな物流システム

　ルクレールスカルモールは、フランス国内最大小売グループ『ルクレール』のフランス全土に 16 ある共同購買組合のひとつで、物流も担っている。ルクレールは日本ではあまり知られていないが、『創業の理念を共有した強い共同組合』という経営モデルにより、厳しい小売環境の中でも業績を伸ばしている小売グループである。フランス国内売上 No.1 の小売業でありながら非常にシンプルな物流を心掛け、EC 時代に対応した新業態、ルクレールドライブにも積極的に取り組んでいる。

1) 売上高：フランス国内の売上高は 42 億 €（5,880 億円）、海外の売上高は 2.5 億 €（350 億円）
2) 創業：1949 年
3) 創業者：ルクレール・エドワード（2 年前に他界）
4) 発祥の地：ブルターニュ地方・ランデルノー
5) 店舗展開：フランス国内 500 店、海外 100 店（東ヨーロッパ、ポーランド、イタリアなど）
6) 店舗面積：1,000㎡〜 10,000㎡（平均 4,500㎡）と幅広いハイパーマーケット業態

　フランス国内の小売業の状況は、大きく分けて 2 つに分類でき、上場しているカルフール、オーシャンなどと非上場の独立系のルクレール、インターマルシェ、システムウーの 3 社（全体の

50%）である。不景気にもかかわらず、この独立系企業が成長している。

ルクレールの物流センターは、一見するとマテハンなど何もないように見えるが、シンプルな物流センターと最低限の技術を最大限に活用する（お金をあまりかけない）方針を貫いており、その特徴は明確である。

①フランス国内16の地域では40店舗ごとに1センターが基本で、それぞれの店舗のオーナーがセンターの株主であり、経営者でもある。ブルターニュ地方には2か所あり、新たに2か所新設予定。

②トラック、運転手、事務所、在庫、メンテナンスなどすべて40店でシェアして負担している。具体的には、仕入原価の3.9%が各店舗の負担額となる。

③敷地面積：20,000㎡（6,060坪）、延べ床面積：12,000㎡（3,600坪）。

④センター機能：ドライDC、ピッキングはハンドリフトに装着したディスプレイと無線ハンディターミナルを使用して、ケース単位にピッキングを行う。

⑤出荷業務：1日8店舗×5日間＝40店舗、週1回配送、店直推進。50%がサプライヤーから店舗直納、50%がセンター経由となっている。

（2016年9月訪問）

＊ハイパーマーケットとは、フランスでの定義によれば、売場面積2,500㎡以上で、食品にウエイトを置きつつ、雑貨、衣料、住関連用品など生活に必要な商品をすべて網羅する豊富な品揃えと価格訴求力を持つ大型のセルフサービス業態。

第4回
ダラス・ニューヨーク視察

訪問先
ダラス／ニューヨーク／ミドルタウン
日　程：2017年2月20日〜26日

モントリオール
オタワ
デトロイト
シカゴ
ボストン
②ニューヨーク
③ミドルタウン
ワシントン
アトランタ
①ダラス
ヒューストン
ニューオーリンズ
マイアミ

❶ダラス
・マーケットストリート
・クローガー・フレッシュフェア
・ウォルマートネバーフッドマーケット
・ウォルマートスーパーセンター
・イーチーズ
・シスコ物流センター
・クローガー物流センター
・スプラウツ・ファーマーズマーケット物流センター

❷ニューヨーク
・ホールフーズ
・スチュー・レオナルド
・米国最新スーパーマーケット事情
　＆食のトレンドセミナー
・在ニューヨーク日本国総領事館
・トレーダージョーズ他

❸ミドルタウン
・アマゾンフルフィルメントセンター

日次	月日(曜日)	視察経路	訪問地	摘　要
1	2月20日(月)	成田空港発 ダラス着	①ダラス	成田空港集合 アメリカン航空にてダラスへ ダラス地区流通事情視察 ◆マーケットストリート ◆クローガー・フレッシュフェア ◇ウォルマートネバーフッドマーケット ◇ウォルマートスーパーセンター ◇イーチーズ ホテル着　【ダラス泊：ハイアット ハウス ダラス】
2	2月21日(火)	ダラス滞在	①ダラス	ダラス地区物流施設視察 ◆シスコ物流センター ◆クローガー物流センター（米国最大のスーパーマーケットチェーン） セントラルマーケットにて昼食 ◇ＨＥＢプラス ◆スプラウツ・ファーマーズマーケット物流センター ◇スプラウツ・ファーマーズマーケット ホテル着　【ダラス泊：ハイアット ハウス ダラス】
3	2月22日(水)	ダラス発 ニューヨーク着	②ニューヨーク	専用車にてホテルへ空港へ アメリカン航空にてニューヨークへ（ラガーディア空港） ニューヨーク地区流通事情視察 ◇ホールフーズ（リッジヒル店） ◇スチュー・レオナルド（ヨンカース店） トランプタワー ホテル着　【ニューヨーク泊：ニューヨーク マリオット マーキース】
4	2月23日(木)	ニューヨーク発 ミドルタウン着 ニューヨーク着	③ミドルタウン	専用車にてデラウエア州のミドルタウンへ ◆アマゾンフルフィルメントセンター視察 マンハッタン到着後、自由視察 ホテル着　【ニューヨーク泊：ニューヨーク マリオット マーキース】
5	2月24日(金)	ニューヨーク滞在	②ニューヨーク	◆米国最新スーパーマーケット事情＆食のトレンドセミナー ニューヨーク地区流通事情視察 ◆**在ニューヨーク日本国総領事館　表敬訪問** ◇トレーダージョーズ（キップスベイ新店） ◇フェアウェイ（キップスベイ店） ◇グランドゼロ ◇オキュルス＆ウエストフィールドＳＣ 　＊ル・ディストリクト　＊ハドソンイーツ　＊イータリー ◇ホールフーズ（トライベッカ店） ◇デュアンリード（ウォール街店） 夕食後、バスでニューヨークの夜景ツアー ホテル着　【ニューヨーク泊：ニューヨーク マリオット マーキース】
6	2月25日(土)	ニューヨーク発 シカゴ着 シカゴ発		専用車にて空港へ アメリカン航空にてシカゴ経由帰国の途へ 到着後、乗換 アメリカン航空にて成田空港へ　　　【機内　泊】
7	2月26日(日)	成田空港着		到着後、解散

見学場所：◇視察（自由視察）、◆視察（アポイント有）　○下車観光、●車窓観光

米国最新物流・流通視察会に参加して得られた感動と驚き

株式会社アットロジ

尾崎　真弘

■シスコ物流センターを視察して感じたこと

　アメリカ風のオフィスを通り抜けて、広々とした空間からラックゾーンへ入ってみると、まず、日本では考えられないくらいの高いラックが目に入りました。段数では多いところで7段、平均6段くらいの段数が並んでいて、その最上段まで届くだけのマストがついているフォークリフトで作業をしているのですが、それだけ高い場所の作業でもフォークリフトのつめの辺りにカメラがあるわけではなく、運転席からの目視で作業をしているそうで、操作技術の高さを感じました。

　また、ラックゾーンの通路上なども有効利用をしていて、空間をうまく利用した無駄のないラック配置に見えました。ラックゾーンの通路では、人感センサーがついていて、人が近づくと電灯が点くようになっており、電力の省エネができていました。また、ラックの中には野菜、フルーツなどが入っていて、センター稼働時間は日本の物流センターと同じで24時間稼動、配送エリアは半径100マイル、出荷は、ケース出荷のみで、バラ出荷はない、とのことでした。

　敷地は58,000坪、倉庫面積17,000坪と広い倉庫でした。人員配分は、夜85人、昼30人ということで、フォークリフト台数が85台となっており、その台数と人員配分を見ても、フォークリフトの作業がメインなのかなと考えられます。配

送ドライバーは、約150人で、拘束時間が8時間から10時間、納品方法は客先指示による個別対応とのこと。

　ドライバーの給料が時給22ドルから30ドルとの話であり、インセンティブシステムになっていると思いました。日本円にすると時給2,500円から3,400円になるので、8時間働いたとして、少なくても1日20,000円になります。日本ならかなりの高給になりますが、ここでの使用車両はトレーラーなので、日本の4トン車の3倍くらいは積めそうです。積み降ろしに時間がかからず、効率の良い配送が組めれば（2回戦配送など）、高給を払えるのかと思いました。ともかく規模の大きい、温度管理のしっかりできたセンターでした。

■クローガー物流センターを視察して感じたこと

　こちらのセンターで目を引くのはやはり高さのあるパレットラックで、シスコ物流センターとかわらず6段、7段でした。地震がないので高さが確保できるみたいです。ほかのセン

ターでは見られなかったバナナの熟成庫があり、ケースピッキングが主体で、フォークリフトが300台あり、フォークリフトでのピッキングが多いようです。また、ボイスピッキングを行っており25か国語の対応で作業をしていました。入荷は日に100台以上、出荷は約110台で、対応店舗は108店舗、センターからの納品は80％くらいだそうです。

　ドライバーは自社雇用だそうです。倉庫は平屋で自然光を取り入れていて省エネを意識したセンターです。冷蔵機や、フォークリフトのメンテナンスは自社で行っているそうです。温度管理もしっかりできていました。

■アメリカのスーパーマーケットを視察して感じたこと

　さすがアメリカ！　フルーツの盛り方は迫力あるピラミッド型。日本ではあまりやらない、りんごを磨いてピカピカにして陳列。バナナは青いものが多く、オレンジの種類も多くて、お国柄なのかなと思いました。鮮魚は切り身中心で、どこの売り場も、サーモン、海老が必ずよく目立つ場所にあります。私自身、アメリカのスーパーマーケットを見るのは2回目で、前回は20年前に見ており、前回と特に大きく違う点は、ヨーグルトのアイテムが増えていることと、小さなサイズが増えていることです。これは、健康志向になってきているものと考えられます。トレーダージョーズはPB商品が80％を占めていて、さらにそのPB商品を良質なもので揃えて差別化を図るとか、ホールフーズのように宅配システムを2種類採用して差別化を図るとか、各スーパーマーケットは、特色を出して、いかに差別化するかに力を入れているようで

した。それには、ほかの競合スーパーマーケット対策もあるでしょうけれど、アマゾンフレッシュなどの宅配事業者にも脅威を感じているみたいです。

　このように、物流センターから店舗まで視察をさせていただき、日本では考えられないことや、見て感じたことを、今後のお客様との会話や、従業員への刺激に役立てたいと思います。

学び・成長・感謝

株式会社アカリサービス社

戸張　明

　今回で第４回目になる海外研修／イン ダラス・ニューヨークは、前回第３回目のヨーロッパ視察よりもさらに内容が濃くなったように感じました。

　2017年2月20日〜2017年2月26日5泊7日　研修内容を説明させていただきます。

　今回研修させていただいたダラスとニューヨークはアメリカ合衆国なので、皆様よくご存じかもしれませんが、少しアメリカ合衆国のことを説明させていただきます。

　国土面積は9,826,675㎢で、日本に直すと約26倍の広さです。首都はワシントン D.C.。国民は多民族で、ニューヨークでは人口820万人のうち、白人は44.7％で、黒人が22.6％、アジア人が9.8％、その他という構成です。

　日本から約12時間掛けダラスに到着、スーパーマーケットや物流施設の視察をしました。ダラスで2日間過ごした後、ニューヨークに移動し3日間視察しました。マーケットストリート、クローガー・フレッシュフェア、イーチーズ、ウォルマート他のスーパーマーケットを視察しましたが、それぞれが物が売れるように工夫をしていました。また、物を売るだけではなく、お客様が魚や肉、野菜を買い、家に持ち帰り調理する時間を有効活用していただくために、買ったものをすぐに食べられるようにマーケット内で調理をして、お客様

が便利と感じるサービスを取り入れていました。

　果物や野菜の陳列には、日本のスーパーマーケットにはないすごさを感じました。陳列専門の人を雇用しているとのこと。陳列だけのために人を雇用するのは、日本ではなかなか考えにくく、アメリカではお客様に見て楽しんでいただき、値段で喜んでいただき、食べて満足していただくように、生き残るための進化をし続けていると思いました。それを視察して私自身も、生き残るためには、成長し、自己に磨きを入れ、学び続けることが大切だと感じました。

　アマゾンの物流施設の視察は、私は3回目になりますが、何度視察しても倉庫の巨大さや、安全面の取り組み、従業員への思い、成長しようとする意欲、システムのすごさには、毎回驚かされます。

　クローガーの物流センターは初めて視察させていただきましたが、物流倉庫の巨大さ、そして倉庫のすべての工程が1階で行われていることに驚きました。広大な平面倉庫ができるのは、広大な土地や条件が揃っているからだと感じました。

　ほかにもいろいろな場所を視察させていただき、中でも日本領事館での講義は大変勉強になりました。今後自分の成長、会社の成長に生かせるようにしていきたいと思います。

米国最新物流・流通における気づきと学び

株式会社アールディーシー

八武﨑　振一

■はじめに

　今回は参加されていた方が多かったので、報告内容が重複しないように1～5班に分かれてのレポートとなり、私は5班のセミナー、大使館訪問、店舗視察を担当させていただきます。

■「米国食品流通業における最新動向」

講師：丹野コーディネーター（食品スーパー専門）

　今回唯一のセミナーでした。時間が1時間との制限があり、かなり駆け足での講義となりましたが、興味深い内容がありました。

◆AIの進化による自動運転

　去年の10月にコロラド州にて完全自動運転のトラックによる輸送実験が行われ、高速道路を190km走行したとのこと。今後は幹線輸送が自動運転に大きく変わっていくのではないかと感じました。また、ドローンでの配送実験も行われ、ネバダ州で77回、セブンイレブンが成功したとされています。

◆アマゾン・ゴー：レジがないコンビニ

　アマゾンでは現在、社員専用にレジのないコンビニの実験を行っており、入店後に改札機のようなゲートを通る際にアプリをダウンロードしてあるスマホを読み取らせて、棚から商品を取ると自動で口座に加算される仕組みとなっています。

このような仕組みが今後主流になっていけば、人手不足解消になってくると思われます。

■ニューヨーク日本領事館訪問

コーディネーターの方が、通常ではあり得ないことと驚いていたのが領事館の訪問です。さらに高橋礼一郎大使が直接お会いになってくれることなど考えられないと話されていたのが印象に残っています。高橋大使からは、今一番関心が高いトランプ政権と日米関係について以下のお話がありました。

「アメリカでは中産階級の賃金が上がっておらず、その不満の声が選挙でトランプを第45代大統領へと押し上げた。現在、アメリカでは景気は良く、2％台の経済成長を続けているが、トランプ政権の課題としては4％台まで成長率の引き上げを目指しているらしい。それに伴い雇用の増加も見込んでいる。日米関係では、2月10日に日米首脳会談が行われ、日米でアジア太平洋をまわしていくことや、安全保障分野での日米同盟の再確認が図られた。

現在アメリカではミレニアム世代という階層の人たちが増えてきており、商品を購入するのに店舗に行かずにネットなどで購入、また大量生産品は買わないとされ、そこに対応できない企業は衰退していく」

■店舗視察

日本領事館訪問後はトレーダージョーズ、ホールフーズマーケット、フェアウェイなどのスーパーマーケットの視察となりました。ホールフーズマーケット以外の2店舗は地下

の店舗となっており、「ニューヨークでは1階の家賃が高いので地下階での営業となっている」と丹野コーディネーターより説明がありました。また、どの店舗も、日本と違い、天井などの販売に直接関係ないところには経費を掛けておらず、コンクリートがむき出しになっていました。

　ホールフーズマーケットでは通常の配達システムを利用した場合4〜6時間程度掛かってしまいますが、住んでいるエリアによっては配送費を支払えば短時間で配達をしてもらえるシステムがあり、忙しいニューヨーカーたちには好評とのことでした。店舗視察後に昼食をとるために訪れたオキュルス&ウェストフィールドショッピングセンターはグラウンド・ゼロの脇にあり、イタリアより取り寄せた大理石でできていて素晴らしい建築物でした。

■まとめ

　このレポートにはありませんが、今回視察で訪れたシスコ物流センター、クローガー物流センター、スプラウツ物流センター、そして今回で2度目となるアマゾンフルフィルメントセンターの規模の大きさに目を奪われました。どのセンターも配送はトレーラーで行っており、接車できるバースも100台以上となっていて、まさに圧巻でした。業務柄どのようなピッキング状況か、梱包はどうか、積み込みはどうかと気になるところばかりで、やはりあれだけの規模になると効率よくスピーディーにこなしていかないと車両の出発時刻に間に合わなくなると感じました。そのため、アマゾン以外の物流センターでは、良く言って効率的、悪く言って大雑把な印象を受けました。

　セミナーでは、AIによる自動運転化、宅配ロボットの導入、ドローンによる配送などのお話があり、これから大きく変わっていく中で生き残っていくには、新しいサービスを考え、提供して、お客様にとってなくてはならない存在にならなければならない、お客様とともに成長していけるようにならなければならない、と今まで以上に強い決意が湧いてきました。

　余談となりますが、今回の視察で9.11のテロで被害のありましたグラウンド・ゼロを訪れた際に被害にあわれた方の名前がプールの周りに刻まれており、その中で日本人の名前を見つけたときには、二度とこのような悲劇が起らないようにと祈りました。

Omi's Eye

並んでもここで買いたい、安くて品質の良いものが揃う

オーガニックディスカウントスーパー『トレーダージョーズ』

　世界広しといえども、長蛇の列でもいとわずにお客様が並んで、文句も言わずに順番を待つ店はそう多くない。スーパーマーケットだから地元のお客様はもとより観光客もこぞって訪れる。日本人の若者にはエコバッグが飛び切り人気で、ネットでも話題のトレーダージョーズは、米国西海岸のみならず東海岸でも大人気。

　ディーン＆デルーカやホールフーズなどとともに、おしゃれなエコバッグが日本で話題沸騰のトレーダージョーズ。安くて品質の良い商品が揃っていることで、しかもその多くがオーガニック商品であることから、米国の地元客に絶大な人気を誇るトレーダージョーズ。その店舗へは、日本の流通視察団だけではなく、観光旅行の若者が必ずと言っていいほど訪れる。

　1958 年カリフォルニアでコンビニサイズの小型スーパーマーケットを開いたことに始まり、1979 年ドイツのアルディに買収され、試行錯誤の後、現在の品揃えと店舗運営に行きついた。宣伝をせず、商品情報満載の年 5 回発行のニュースレターと口コミで顧客を増やしていることでも知られている。小型スーパーで品質の良い商品をいつも安く提供し、品揃えの 90％ 近くを PB で占めている。ロサンゼルスを中心にした米国西海岸のディスカウントチェーンと思っている人もいるが、ニューヨークでも繁盛店のひとつだ。

　600 〜 1,200㎡の売り場で、これまで "良し" とされてきた

ワンストップショッピングとは真逆の、絞りに絞った2,000〜3,000アイテムで勝負している。商品は品質と価格を重視し、地場の仕入れを優先させており、品揃えと売価は地域によって多少違うが、2017年の売上高は1兆4,600億円を超える。全店舗数474の内、ニューヨーク進出は2006年だが、どこの

店舗でも買い物客がレジ前に長蛇の列で、驚くこと請け合い。最近ではレジ前の列の進み方がかなり早くなっているように感じる、と常連客の声も聞こえる。

　店長はキャプテン、従業員はクルーと呼ばれ、全員平等にクレンリネス、キャッシング、プレゼンテーションの業務を分担し、社員アーティストが手書きの看板やPOPにも取り組む。お互いにコミュニケーションを取りながらホスピタリティ溢れるお客様対応に専心している。また、従業員の制服はアロハシャツを採用している。給料が同業より遥かに高いのは、お客様へ全員で対応するチームプレイで生産性を高めているからにつきる。あの店で働きたい、と就職を熱望する若者が多いのも肯ける。

（2017年2月訪問）

Omi's Eye

子供から大人まで楽しいスーパーマーケット版ディズニーランド

スチュー・レオナルド3号店

　世界各地で、市民生活の台所のスーパーから市場まで、素晴らしいと言える店が数ある中で、アメリカ東海岸地域にあるスチュー・レオナルドも確実にその中のひとつ。小売業界では考えられない"お客様は誰でも100%正しい"という言葉を店頭で宣言し、これを実行しているのがこの店だ。

　ニューヨーク市内から車で北へ1時間ほどのヨンカースの丘の上に立つスチュー・レオナルド3号店。この店がすごいのは、いつ行っても、店頭に掲げるOur Policyに違わぬサービスとエンターテイメント、そして品揃えで、子供から大人まで楽しませてくれるところだ。

　スチュー・レオナルドの創業は1969年。コネチカット州の片田舎で元々酪農を営んでいたスチュー・レオナルド氏が、牛乳販売を目的にスーパーマーケットを開業。店舗内に牛乳工場を開設、新鮮で最高水準の低温殺菌牛乳の販売を始めるとともに、子供たちにも喜んでもらおうと施設内に牛や豚、ウサギやヤギなどの小牧場を設け、子供たちとの触れ合いを目指した。

噂を聞いた人々は、遠くニューヨーク市内からも訪れるほど評判になった。レオナルド氏は牛乳販売を通して常にお客様との信頼関係が大切だと考え、その姿勢を直接お客様に伝えるために店頭にその宣言、

＜ルール1＞

「THE CUSTOMER IS ALWAYS RIGHT」（お客様は常に正しい）

＜ルール2＞

「IF THE CUSTOMER IS EVER WRONG REREAD RULE1」

（お客様がもし間違っていたらルール1. を読み直しなさい）

　を刻み込んだ石板を掲げている。見方によってはクレーマーの格好の標的となる諸刃の剣だが、顧客志向であることを全面にPRしている。レオナルド氏は理念に対し、顧客の行動心理に基づいた店づくりでこれを見事に実現している。通常のスーパーの10分の1に近いコンビニ並みの品揃えで、売上は100億円を超え、1992年には坪単価売上世界一でギネスブックにも認定されている。店内は一方通行で道なりに様々な人形が音楽に合わせて踊り、さながらディズニーランドのような賑やかさでお買い物中のファミリーを楽しませる。　フォーチュン誌の"最も働き甲斐のある企業100社"にも選ばれたこともあるほどの楽しい店舗だ。最後に一言、食いしん坊には嬉しい試食販売があちこちにあり、敷居が高い高級店と違って誰に対しても笑顔で薦めてくれると、つい手が出てしまう。看板に違わぬ店でもある。

（2017年2月訪問）

Omi's Eye

ドイツ最強のディスカウントスーパー

バカ安＆高質のPBで既存スーパーを震撼させている"アルディ"

『アルディ』は、『リドル』とともにドイツ発祥のディスカウントチェーンで、ドイツを含めたヨーロッパやオーストラリア、アメリカなど、世界17か国で11,234店舗以上を展開し、年間売上は9兆4,000万円を超えるメガディスカウンターである。

　たとえば、ロンドンでも進出23年目ながら近年急激に売上を伸ばし、イギリス食品売上の市場シェアを7.0%にまでしている。ここ3年で2%以上アップさせ、同業のリドルと合わせて市場シェアは12%を超え、なんとイギリスビッグ4の一角モリソンズに肉薄している。米国進出は40年前だが、元々は低所得者層やヒスパニック層向けの安売りスーパーという色合いが強く、その立地も、郊外の治安に問題のありそうな地域への出店が少なくなかった。というのも、良い商品を格安で提供するために店舗や内装にお金をかけたくない、という企業ポリシーから。リーマンショック以降、米国内で貧富の差が拡大し、ハードディスカウンターと呼ばれるアルディの商品の良さと価格の安さを中間層も認識しはじめ、低所得者層が買う安売り店というイメージも払拭されてきている。今では、品質の良いPB商品を主体とした食料品をリーズナブルな価格で購入できるスーパーとして認知され、利用者も増大している。

　アルディには他のスーパーと異なるいくつかの特徴がある。

たとえば、

①店舗面積が 800 ～ 1,500㎡と狭いこと

② PB（プライベートブランド）比率が 90% を超えており、品質も高いこと

③取り扱いアイテム数が 800 ～ 900 と他社（同規模のスーパーやコンビニ）の 4 分の 1 以下に絞り込んだリミテッド・アソートメント・ストアであること

④販売員を置かず、陳列は段ボール箱のままだったり物流用パレットを使用、建物や内装も簡素なこと

などである。また、店舗の狭さもあり、品揃えは人気商品・季節商品に絞りながらも、徹底した低価格で消費者に提供。商品は飲料、スナック、日用品とカテゴリーごとにブランド化されているので、あたかも消費者は商品を選択しているかのように錯覚する。値段の安さからプライベートブランドを選ぶのだが、所謂安っぽさを感じさせない工夫もしている。さらに、アルディの強さには圧倒的なレジの速さも忘れてはいけない。商品を載せるベルトコンベアは長く、買い物カゴでなら 5 人分は優に置くことができ、商品を予め並べておくことで、会計の際に取り出す手間を短縮。商品のバーコードにも工夫があり、右から左に流すだけで値段を読み取っている。聞くところでは、従業員の待遇だけではなくパートアルバイトの時給も同業より遥かに高い。今貧富の差が拡大し二極化する社会現象の中で、時代がアルディに追いついてきたと言える。　（2017年2月訪問）

第5回
バンコク視察
訪問先

日　程：2017年8月1日～4日

- ・在バンコク日本国大使館
- ・セントラルグループ本社
- ・セントラル フード ホール チットロム店
- ・グルメ マーケット サイアム パラゴン店
- ・トップス・マーケット　ラープラオ店
- ・テスコ　エクストラ pradit manootham 店

- ・トップス物流センター
- ・Big C (ハイパーマーケット)
- ・セントラル・ウエストゲイト・プラザ
- ・セントラルスーパーストア
- ・JETRO バンコクオフィス
- ・興銀リース（タイ現地法人）

日次	月日(曜日)	視察経路	訪問地	摘　　要
1	8月1日 (火)	羽田空港発 バンコク着		羽田空港集合 日本航空にてバンコクへ 　　　　　　（飛行予定時間6時間20分） ホテル着 タイ小売業協会による 「Thai Retail Industry 2017」プレゼンテーション （バンコク泊） 【プルマン バンコク グランデ スクンビット】
2	8月2日 (水)	バンコク滞在	①パントゥムワン区 ②チャトゥチャック区 ③ワントーンラーン区	◆在バンコク日本国大使館　表敬訪問 ◆セントラルグループ本社訪問 　　　　　　レクチャー受ける ◇セントラル フード ホール チッロム店 ◇グルメ マーケット サイアム パラゴン店 ◇トップス・マーケット　ラープラオ店 ◇テスコ エクストラ pradit manootham 店 ホテル着 （バンコク泊） 【プルマン バンコク グランデ スクンビット】
3	8月3日 (木)	バンコク滞在	④ノンタブリー県 ①パントゥムワン区	◆トップススーパーマーケット物流センター訪問 ◇Big C（ハイパーマーケット） ◇セントラル・ウエストゲイト・プラザ 　　　セントラルスーパーストア見学 ◆JETRO バンコクオフィスにてレクチャー ◆興銀リースにてアセアンの動向について 　　　　　　レクチャー ホテル着 （バンコク泊） 【プルマン バンコク グランデ スクンビット】
4	8月4日 (金)	バンコク発 羽田空港着		専用車にて空港へ 日本航空にて羽田空港へ 　　　　　　（飛行予定時間6時間10分） 入国手続き後、解散

見学場所：◇視察（自由視察）、◆視察（アポイント有）　○下車観光、●車窓観光

アセアン大国タイ最新流通・物流視察研修会

株式会社アカリサービス社

戸張　賢吾

　タイ王国の流通業は主に4業種あり、売上高が一番伸びているのはコンビニエンス・ストア、次が大型スーパーで、インターネットスーパーはこれから伸びていくとのことでした。スーパーマーケットで富裕層が多く使っているのはハイパーマーケットと言われています。

　タイでは、コンビニエンス・ストアが1万5,000店以上あり、その中でもセブンイレブンが一番多く、1989年以来、店舗数は毎年10店以上、右肩上がりで増えています。セブンイレブンはタイ王国のスタイルで営業し、ファミリーマートは日本のままのスタイルで営業しているので、セブンイレブンの方が売れています。バンコクには300㎡以内という店舗規模の規制があり、若い人が多いこともあって、コンビニエンス・ストアが多いそうです。タイの国民6,500万人にとって、コンビニエンス・ストアは1人1日に2.5回立ち寄るほど生活の一部になっています。タンチャイ（すぐ手に入る、便利）ということです。

　タイでは富裕層が一番重要であり、そのために企業が変わっていくとも言われています。富裕層のためではないのですが、コンビニエンス・ストアの専門店が増えてきており、薬、電気、生活用品などに特化したコンビニエンス・ストアも増えています。

　タイの中心バンコクはタイ全体の消費市場の28％を占

め、残り72%は地方です。地方は市場（いちば）がまだ多く、ハイパーマーケット、コンビニエンス・ストアが少ないため、小売店とガソリンスタンドとのコラボレーションが非常に多くなっています。

　タイでは電車、バスが足りず、車社会になっているようです。バイクに乗っている人は、ヘルメットを被っている人がいたり、被っていない人がいたりします。日本では、20年以上前のことが残っている気がしました。車の9割は日本車であり、軽自動車は見た限り1台もありませんでした。暑い気候のせいか、車全体にフィルムを貼っているのが目立ちました。昔は日本でもカーフィルムを貼っていたのを思い出します。そのうちタイでも安全のため禁止という時代が来るような気がします。

　2日目に日本大使館でご説明を伺いました。アセアンの中心がタイであり、これからのキーになっていく国であること、そのためには安定を目指し、クーデターの無い街づくりに力を入れていく必要があること、そして、産業構造の高度化を

目指したインフラ整備、道路網、空路に力を入れて行かねばならないことなどを伺いました。

タイはアセアンの中で唯一、植民地支配の経験がない国で、今後20年、国家戦略の強化を求めていくとのことで、それが国の安定につながっていくとの話でした。タイでは、国民の9割以上が仏教徒であり、仏教徒の男子はすべて出家するのが社会的に望ましいとされていて、出家行為が社会的に奨励される傾向にあります。出家するための条件としては、男子は20歳以上、宗教的な罪がないことなどです。

■セントラル・グループ

セントラル・グループは、1994年スーパーマーケット1号店の営業を開始、現在では282店舗で営業しています。ホテルや日本にあるロビンソンも経営しているようです。レストラン、洋服ブランド、不動産業、建設業を世界中に展開し、フランスにも店舗を構えています。日本のマツモトキヨシ、ファミリーマートのタイ店舗も経営しており、マツモトキヨシは、タイに12店舗あるとのことでした。

■グループ内の位置づけ

「CENTRAL」は高級の位置づけで、富裕層を対象としており、あまり人がいない印象でした。

　「TOPS スーパーマーケット」（ハイパーマーケット）は、中間層の顧客が多く、いろいろな商品が並び、平日にもかかわらず、多くの人で溢れかえっていました。これからのタイ、アセアンの発展を感じました。

　「TOPS デリバリー」は、ミニスーパーマーケットで、コンビニではありません。ワイン専門店もあり、24 時間クーラーをつけてワインの管理をしています。

■セントラルの物流センターを視察して

　トラック 97 台、箱車、大型、けん引、中型箱車が主力になっていました。運行管理として、4 時間以上の運転はしていないということです。それ以上は 2 人交代で運転し、配送は管理センターで一括管理しています。ドライバーは女性が多く、女性ドライバーの方が事故も少ないとデータに出ているとのこと。

　給料は、ドライバーで 10,000 バーツから 15,000 バーツ、日本円で 3 万円から 4.5 万円です。

　倉庫作業者の給料は 9,500 バーツから 12,000 バーツでした。

　3 交代で勤務しており、①6 時から 15 時、②14 時から 23 時、③22 時から 7 時でした。ピッキングスタッフは全員女性です。

　物流センターは 46,000 ㎡（約 1,500 坪）の倉庫。注文は、1 日に 157,000 ケース、200 店舗から注文が来るところを、24 時間交代システム（マンハッタン）で対応。各店舗からは 3 日から 7 日分の注文が来るそうです。

アセアンの大国タイで得た気づきと学び

株式会社丸や運送

渡邊　修兵

■顧客目線のセントラル・グループ

セントラル・グループは1925年発祥の小売・外食・不動産・ホテルなど、多くの分野で事業展開を行っているタイの財閥企業。M＆Aにも積極的に取り組み、近年では2016年にビックCベトナムを買収するなど、グループの拡大成長を続けている。セントラル・グループの中核を担うセントラル・フードリテイルでは、スーパーやドラックストアなど、282店舗の営業展開を行っており、タイの小売業界を幅広い分野から支えている。

2016年にタイは世界3位の格差社会の国として位置づけられており1％の富裕層が国内の58％もの富を所有しているとされている。その中でセントラル・フードリテイルは所得者層別にターゲットを絞り、営業展開を行っている。

・セントラル・フード・ホール

8店舗を展開。高級スーパーとなっており、店内割合50％の生鮮商品や輸入品も多く取り揃えている。

店舗視察では3,700㎡のゆったりとした店内フロアで目線

よりやや下の高さに陳列されている商品が多く、商品の選択がしやすいように感じた。

・トップス・マーケット

93店舗を展開。生鮮商品の割合はセントラル・フード・ホールに劣るが、こちらも高級スーパーとなっており、視察した店舗面積は3,500㎡でゆったりと買い物ができる印象だった。インターネットサービスも一部取り扱いしているとのことであった。

・トップス・スーパークーム

日本におけるディスカウントストアとなっており、地方にも展開している店舗が多い。安価で商品が販売されており、店舗に空調設備がない店舗もある。

・イートタイ

タイ国内各地方から名物が揃うフードコートとなっており2店舗展開されている。視察の際に食事させていただいたが、目移りするほどの品数があり、楽しく食事できた。

そのほかにもハイパーマーケットやミニスーパー、ドラックストアなど、計9つの店舗の種類があるが、それぞれの店舗ごとに特徴が分かれており、セントラル・フードリテイル内で差別化がなされているように感じた。価格の面ではバンコク市内と郊外の店舗では品質は違うかもしれないが、中には同一種類の商品で4倍近い価格差があったことに驚きを感じた。

セントラル・グループでは、お客様の満足度、理解度を重視した店舗展開を行っているとのことであったが、ターゲッ

トを絞った店舗展開により幅広い客層をグループ全体で獲得しているのだと店舗を視察して実感することができた。

■流通の軸　物流センター訪問

セントラル・グループの物流施設訪問ということでトップスの物流センターを視察させていただいた。

場所はバンコク郊外に2か所あり、運営はアメリカの大手物流企業のDHLが行っている。

輸送に関してはEternity（日立物流）がメインで行っている。トップスDCでは97台のトラックを保有しており、トレーラー、大型の箱車が半数以上の割合を占めている。車両にはGPSが搭載され、日本同様に運転時間、労働時間の管理がなされている。

大まかな輸送の流れとしては、大型車両で各拠点まで輸送をして、拠点からの店舗配送はDHLを主としたローカルの輸送業者が行っている。

トップスDCは、総面積69,535㎡、倉庫内46,423㎡となっており、24時間フル稼働となっている。倉庫内のスタッフは570～580人で、1日3シフト制の交代勤務。

1日当たり約200店舗からのオーダーが入り、15万7,000件の荷捌きを行っている。店舗への配送については毎日～3日に1度のスパンとなっている。

倉庫内視察について、倉庫内は撮影禁止、安全靴着用、入場時ボディチェックと安全面、セキュリティ面で厳しく管理されていた。倉庫内は1階と中2階の構成となっており、中2階には荷動きが少ない日用品関係が保管されている。1階

では店舗・商品ごとにエリア分けがされており7段のラックに整然と保管されていた。

　65か所のトラックヤードがあり、ピッキングされた商品を検品し、トラックへ積み込むという流れは日本の倉庫と類似しているように感じた。

　日本の倉庫との相違点として、オーダーピッカーやフォークリフトを運転している女性スタッフの割合が多く、理由としては女性の方が男性より運転が穏やかなためとのことであった。

　今後の倉庫運営については倉庫内の自動化を図り、人件費の削減に取り組むとの話を物流センター責任者の方よりいただいた。多くの作業を人の手で行っている印象を受けたが、システム化がなされ数年後には倉庫内ががらりと変わっていくのではないかと感じた。

■おわりに

　タイの物流における輸送に関しては、バンコク市内の交通渋滞が印象的で配送時間の管理が難しいように感じたが、今後鉄道や道路などのインフラが整備されていけば、アセアンの中心に位置するタイは間違いなく物流業が活性化するように感じた。

　タイの交通状況を見て、日本は一般道路、高速道路ともに整備がなされており、恵まれた環境でトラック輸送をさせてもらっているのだと感じ、トラック輸送品質の向上に努めていかなければと実感した。

タイ王国を訪問して

株式会社岡田運輸

木村　理恵子

■在バンコク日本国大使館を表敬訪問

　大使館にてタイの経済情勢、物流事情など様々なお話を聞くことができました。

- 国土面積は 51.3 万 km²（日本の約 1.4 倍）。
- 名目 GDP は 4,134 億ドル（2016 年）、日本の約 8.2％。ASEAN 域内ではインドネシアに次ぎ第 2 位、世界では第 26 位。
- 1 人当たりの GDP は 5,995 ドル（2016 年）、日本の約 15％。ASEAN 域内ではシンガポール、ブルネイ、マレーシアに次ぎ第 4 位、世界では第 89 位、2017 年はさらに増え、6,265 ドルの見通し。
- GDP 構成比は 2 次産業約 36％、3 次産業約 56％、1 次産業約 8％。
- 自動車関連と電気・電子が工業の 2 本柱となっている。
- 外需依存型で GDP に占める輸出額の割合は約 70％。相手国は、アメリカ、中国、日本、ASEAN、EU とバランスよく分散されている。最大貿易相手国は、2013 年に日本から中国に代わった。
- 日本企業も多く進出しており、ここ最近は日本食の飲食店進出が続いている。

　非常に興味深かったのがタイの雇用情勢で、近年失業率が 1％程度の水準で推移しており、日本と同様に労働力不足が

深刻化しているとのことでした。その
要因としては、大学などの高等教育の
就学率が高くなったこと、少子高齢化、
製造業と農業の賃金格差の縮小、など
が挙げられています。

　訪れたのが首都のバンコクだという
こともありますが、タイは共働きの文
化が根付いているため、女性の社会進
出が当たり前で、日本に比べて企業の
管理職における女性の割合も多いと感
じました。そして何より、会う女性みんなが活き活きと責任
を持って働いているという印象を強く受けました。日本も女
性の社会進出を推進していますが、まだまだ壁は高いように
感じます。タイの女性の働き方にヒントが隠れているのでは
ないでしょうか。

■セントラル・フードリテール（CFR）本社訪問

　本社を訪れると、CFR の事業展開について副社長自らが
プレゼンをしてくださったことで、市場戦略など多くの学び
を得ることができました。

　セントラル・グループは、中国系のチラティワット家が
1925 年に設立した輸入雑貨商が発祥で、1956 年にタイで初
となる百貨店をオープンさせ、80 年代には富裕層向けの大
型店を次々と出店し、今や売上高が 3,327 億バーツ（1 バー
ツ約 3.25 円 /2016 年）のタイの小売業界における最大の財
閥となっています。その財閥で小売事業部門を一手に引き受

け、運営しているのが CFR です。CFR はトップス・マーケットのほか、トップス・スーパーマーケット、トップス・スーパー、トップス・デイリー、セントラル・フード・ホールなどの 5 つのブランドで構成されています。ブランドが分かれているのもターゲット顧客別に、消費者の様々なライフスタイルへの適応を試みている結果であり、すべての階層の消費者を他社へ逃さない戦略に、深く感銘を受けました。

　そして、最大の衝撃は「The 1 Card」の存在です。「The 1 Card」とは、セントラル・グループが発行しているポイントカードであり、その会員数は、タイの人口約 6,900 万人に対してその 10 分の 1 にあたる 600 万人にも上るそうです。入会費・年会費ともに無料で、新規入会の際には割引クーポン券セットがもらえます。

　そのほかに、

- 25 バーツ買い物をするごとに 1 ポイントが貯まる。
- 800 ポイント貯まると 100 バーツのキャッシュクーポンになる。
- カードを作ってオンライン登録すると 100 ポイントのボーナスポイントが貯まる。
- セントラル・グループならどこでも使える。買い物だけでなくホテルに泊まってもポイントが貯まる。
- トップスの商品が「The 1 Card」を持っていることで安くなる。

「このように様々な特典を用意して会員数を伸ばし、そのカードから得られるビッグデータを使って、顧客が何を求めているかのニーズを探り、アプローチできるのが我々の強み

でもある」との話でした。高級デパートで買い物しても、ディスカウントストアで買い物しても、またホテルに宿泊しても、同じカードでポイントが貯まる

というのは、非常に魅力的だと思います。実際、通訳で同行しているタイの女性に聞いてみると、「The 1 Card」を所有しており、大変便利だと教えてくれました。

第5回

■最後に

　今回バンコクで4日間過ごして感じたことは、常に渋滞に巻き込まれるということでした。予想を上回るバンコクの交通渋滞に圧倒されました。GPSなどから得られるデータをもとに分析したところ、ドライバーが通勤などのラッシュ時に渋滞に費やす時間は、年間で平均61時間にもなるそうです。信号機も少なく、脇から合流する車が次から次へと湧いてくるような感じですが、様子を見ているとクラクションを鳴らしたりすることもなく、誰もが忍耐強くマナー走行しているように感じられました。しかしながら、毎日が日本での事故渋滞のような交通渋滞が起きていては、必要なときに必要な物量を確保できない、荷物をオンタイムで手に入れられないなど、流通における不満足へとつながり、物流・輸送の発展の大いなる妨げになっていることは間違いないでしょう。

Omi's Eye

アセアンの中核、タイの小売業を牽引する
タイ小売業協会
(Thai Retailers Association)

　1979 年に発足したタイ小売業協会は、日本をはじめアジア・太平洋地域の 18 か国が参加するアジア太平洋小売業協会連合会の一員で、会員数は 43 社。国内では大手小売業のみが会員で、セントラルデパートをはじめとするタイの主要小売業のほか、同国に進出しているテスコやイケヤ、香港のワトソンに加え、日本からは伊勢丹（2020 年撤退）、東急（2021 年撤退）、イオン、UFM フジスーパーが加盟している。会長はタイ小売業最大手のセントラル・グループ取締役ジャリヤ・シラチュワット氏が就任。会員企業の売上高シェアはタイ小売市場全体（約 9 兆円）の 32% を占める。内訳はハイパーマーケット 47%、百貨店 21%、コンビニ 20%、スーパーマーケット 12%。特に、コンビニ市場はセブンイレブンが圧倒的シェアを握る。また、近年はライフスタイルの細分化とともに、スーパーマーケットがトレンドストアとなっている。

　ところで、アセアン（東南アジア諸国連合）は 1967 年にシンガポールやタイ、マレーシアなど 5 か国で発足した。 現在では 10 か国 6 億人近くに及び、世界の成長センターとして大きくクローズアップされてきている。中でもインドシナ半島には、地

政学上中核となるタイなど7か国が存在し、海上だけではなく陸上面でも東西・南北のハイウェーが完成するなど、格段にインフラが整備されつつある。

　タイ流通市場には、アセアン各国の経済成長の発展とともにグローバル小売業やアセアン地域の大手ローカル小売業などの参入が相次ぎ、流通業の発展に大きく貢献している。一方で、新たな参入企業による激しい流通戦争により、ローカル小売業の淘汰が始まっている。

　タイ小売業協会チャトルチャイ専務理事は、タイ国小売業の現状と課題について、「かつてアセアン各国を襲った通貨危機に際してのローカル小売業の必死な生き残り策、その後の発展とリーマンショックによる経営危機など、決して平たんな発展ではなかった。今タイ小売市場は Tiar 1（近代小売業）30%、Tiar 2（地方ローカル小売業）20%、Tiar 3（屋台など零細小売業）50% といった構成になっている。中でも Tiar 1 グループはタイに留まらずアセアンマーケットへ進出しており、他方、アルディ、リドルのドイツ最強ハードディスカウント企業がタイ小売市場へ進出。その結果、今後厳しい価格競争が予測される。また、オンラインショッピングはまだグローサリー売上シェアの 1% に過ぎないが、前年比 15 〜 20% と高い伸びを示しており、他業態は将来に備える必要がある」などと、タイ小売業の将来を占う様々な動きについて語っている。

（2017年8月訪問）

第6回
イギリス・スペイン視察

訪問先
ロンドン／マドリード／ラ・コルーニャ
／サンチャゴ・コンポステーラ
日　程：2017年9月4日〜11日

❶ロンドン
・M&S 食品物流センター
・EC・オムニチャネルセミナー
・JETRO ロンドン事務所
・ジョンルイス物流センター
・アマゾン・フルフィルメントセンター

❷マドリード
・メルカドーナ物流センター
・在スペイン日本国大使館
・メルカドーナ
・エルコルテイングレス
・エロスキ

❸ラ・コルーニャ
・ZARA 本社＆物流センター
❹サンチャゴ・コンポステーラ

日次	月日(曜日)	視察経路	訪問地	摘　要
1	9月4日 (月)	羽田空港　発 ロンドン　着		羽田空港集合 日本航空にてロンドンへ ホテル着　　【ロンドン泊：コブソーン タラ ホテル】
2	9月5日 (火)	ロンドン　滞在	①ロンドン	ロンドン物流事情視察 ◆M&S食品物流センター ◆EC・オムニチャネルセミナー(GS1所属のDavid Smith氏) ◆JETRO ロンドン事務所にてレクチャー ホテル着　　　【ロンドン泊：コブソーン タラ ホテル】
3	9月6日 (水)	ロンドン　滞在	①ロンドン	ロンドン物流事情視察 ◆ジョンルイス物流センター ◆アマゾン・フルフィルメントセンター ●大英博物館等 ホテル着　　　　【ロンドン泊：コブソーン タラ ホテル】
4	9月7日 (木)	ロンドン　発 マドリード　着	②マドリード	専用車にて空港へ 英国航空にてマドリードへ 入国手続き後、専用車にて市内視察へ ◆メルカドーナ物流センター（食品スーパー） ◇メルカドーナ（食品スーパー）見学 **◆在スペイン日本国大使館　表敬訪問** 空港着
		マドリード　発 ラ・コールニャ　着		イベリア航空にてラ・コールニャへ ホテル着　　【ラ・コールニャ泊：トリップ コルーニャ ホテル】
5	9月8日 (金)	ラ・コールニャ　発 サンチャゴ・ コンポステーラ　着 サンチャゴ・ コンポステーラ　発 マドリード　着	③ラ・コールニャ ④サンチャゴ・ コンポステーラ	ラ・コールニャ物流事情視察 ◆ZARA本社＆物流センター 視察後、サンチャゴ・コンポステーラ見学 ●大聖堂 イベリア航空にてマドリードへ ホテル着　【マドリード泊：セルイスマ フロリダ ノルテ ホテル】
6	9月9日 (土)	マドリード　滞在	②マドリード	マドリード流通事情視察 ◇メルカドーナ（スペイン最大の食品スーパー） ◇エルコルテイングレス（スペイン最大のデパート） ◇エロスキ（スペイン有力食品スーパー） 各自、自由行動 (1)スペインサッカーリーグ：レアル・マドリード戦観戦 (2)プラド美術館入館 　　　　　【マドリード泊：セルイスマ フロリダ ノルテ ホテル】
7	9月10日 (日)	マドリード発 ロンドン着 ロンドン発		専用車にて空港へ イベリア航空にてロンドンを経由し帰国の途へ 着後、乗換 日本航空にて羽田空港へ　　　　　　　【機中　泊】
8	9月11日 (月)	羽田空港着		到着後、解散

見学場所：◇視察（自由視察)、◆視察（アポイント有）　○下車観光、●車窓観光

第6回

107

2017秋　欧州物流視察　ZARA、Amazon 研修レポート

ロジザード株式会社

遠藤　八郎

■概要：

　今回はイギリスとスペインだけでしたが、訪問先はヨーロッパを代表する企業であり、物流施設も巨大で各種設備も先進的な自動化設備を見ることができました。また、ヨーロッパでは建築費の1％を芸術品に当てるのが共通認識ということで、日本の物流センターでは見られない絵画や彫刻などの装飾に流石ヨーロッパと感心しました。また、同じヨーロッパでもスペインとイギリスの違いは、「規律のイギリス、自由のスペイン」を物流センター案内方法や移動バスのシートベルト着用の有無、食事など、随所で感じられました。

■ John Lewis　MP 1, 2　物流センター

　ジョンルイスは、イギリスの老舗百貨店でEC対応に成功している事例としての視察でした。ここは大規模な自動倉庫や搬送設備を導入している施設でした。機器がダイフクに似ているなと思いましたが、設備の導入先企業のオーストリアのKNAPP社は2010年10月にダイフクと資本業務提携をしていることを帰国後にネットで調べてわかりました。在庫管理は、店舗向けとEC向けの在庫一元管理の下で出荷対応しているとのことでした。しかし、店舗の在庫は分離されていると説明がありました。

　EC受注分の出荷形態は、店舗での受け取りと宅配に分かれるが、店舗受け取りの比率が多いと聞きました。ヨーロッパは全体的にクリックアンドコレクト（C&C）という受け取り形態を利用する率が高いとロンドンのGS1（Global Standard One：GTINの管理組織）担当者からも同様の説明を受けました。

■ ZARA　（INDITEX社）

　INDITEX社はZARAブランドを世界展開するアパレルファッションで世界一のSPA企業であり、今回一番期待した訪問先でした。スペインで「ZARA」は「サラ」と読み「ザラ」ではないそうです。

　ラ・コルーニャというスペイン北部の地方都市にある本社と物流生産拠点を訪ねました。総面積が50万㎡という巨大な敷地に、本社機能から生産、物流までワンセットになって

いました。

　案内は、マーケティング、デザイン、パターン、裁断、縫製、試着、モデル撮影、実店舗のレイアウト、陳列、生産工程、物流センターと工場まで全行程を 3 km くらい歩いて視察しました。写真撮影は禁止ですが完全にオープンで詳細に説明いただきました。日本では安全面などで近寄れない、機械設備などの近くも自由で、このあたりは次のメルカドーナも同じで、スペインらしさでした。

　広々とした本社オフィス（1 万㎡）は、通路をセグウェイが走り、あちこちの壁にはリアルタイムに情報表示され共有される先進の IT 空間でした。マーケティングエリアは、世界 93 か国に展開する各国のグループ（5 〜 10 人）ごとに机がありました。常時各国と連絡を取れるようになっており、日本でも新宿と渋谷などの店舗ごとにきめ細かな対応をリアルタイムに行っていると説明がありました。日本グループに面会できるかと質問したらキッパリと断られました。

　マーケティングエリアに隣接の試作工程では、デザイン、パターン、裁断、縫製、試着までの説明をいただきました。デザインからパターンは IT 化されており、量産工程に連携できる形態となっていました。試作の裁断縫製はベテランの担当者の手作業でした。私たちが見た工程は KIDS 部門でしたが、試着用の小さな子供マネキンに紙おむつがしてありました。KIDS に限らず実際に着用する状態を作って確認するということでした。

　次に、生産ラインから検品などの工場内部を説明いただきました。裁断はパターン情報から反物に無駄がないようにレ

イアウトされ、厚さ3cmくらい（約100枚）でレザーカッティングされ、部位ごとに番号付けされてから縫製に渡されます。縫製ラインは見学できませんでしたが、プレスと検品ラインは見学できました。プレスは部位ごとに工程化され、コンピューター制御で部位ごとや製品ごとのプレスの温度設定や進捗管理もされているということでした。このプレス検品ラインは、ここの工場だけではなく世界中の工場の生産品をプレス検品する形態となっており、品質保証の重要な工程という説明でした。生産国から消費国へ直接送っていると思っていましたが、中国や東欧などの生産品もすべてここに集約して検品後に出荷するということです。

　次に出荷の物流エリアに長いハンガーレールに沿って移動しましたが、総延長が36kmという途方もない長さです。ハンガーレール上の行き先制御はメカニカル装置でした。ここではRFIDなどは使用されていません。店舗仕分けには、タタミ物のソーターとハンガーソーターによる店舗仕分け設備の両方がありました。

　598シュートを持つタタミ物のソーターは2セットありました。従って、1,198店舗の仕分けが1バッチで行えることとなります。

　段ボール箱は自動で封緘され、空の段ボール箱が自動で供給される仕組みだそうですが、見学時は稼働しておりませんでした。

ハンガー搬送用設備

■ MERCADONA（メルカドーナ）

　メルカドーナはスペインの代表的なスーパーマーケットです。メルカドが市場で、ドーナがご婦人という意味であり、スペインの主婦に圧倒的な支持を受けているそうです。メルカドーナは100％が正社員で、一部の従業員が個人の都合でパート勤務ということでした。これは「目指すのはスペインの誇りとなる企業であり、人件費は最小限に抑えるコストではなく、売上と利益の促進要因である」というハーバードビジネスレビューで絶賛された経営方針にあるということです。もちろん、優れた経営戦略で高収益を維持しINDITEXに並ぶスペインの優良企業です。

　物流センターは、基本が働く人の尊重であり、作業性だけではなく「センター内に無料の保育所があり、共働きでも安心して働ける」とガイドさん自身の話を含めてお聞きできました。物流センター内部の写真も自由に撮影していいという完全オープンな企業でした。物流センターの立地は、マドリッドから南東のラセンデリアにありました。食品系を扱うということもあり、極めて清潔なセンターでした。

　作業者が楽になるなら自動化は優先的に行うという方針で、保管から出荷まで完全自動化と言えるような構成でした。また、これだけの設備では階段や機器の周辺にはホコリやゴミなどが少しはあるものです。しかし、本当にきれいに清掃されていました。

　自動倉庫設備では、20台のパレットクレーンが稼働していました。メーカーはWITRONというドイツの物流システ

ム企業です。

　食品のスーパーマーケット店舗向け出荷には多様な商品形態があり、サイズや重量もマチマチです。出荷ピッキング後のパレット積み付け作業は人手以外では困難ですが、この工程を IT による積付計算とシンプルな機器で自動化しており、とても感動しました。

　これは自動パレタイズの積付計算の結果画面です。この結果に基づいてパレタイズマシンが動作します。しかし、この計算通りの高さに積み上げるには途中で崩れる危険性があります。ここの設備を設計した人のアイディアと思いますが、２段階で出荷パレットを生成していました。動画でないと説明が

パレタイズ計算結果

難しいのですが、第一段階は３方がきれいな平面を持つカーゴテナーに押しつけながら整列し積み上げます。次に、カーゴテナーの側面を外して、外側をラッピングして荷崩れを防止して出荷パレットに載せるという手順です。

　もちろん、ピッキング後の商品をパレタイズマシンに流し込む順番のコンベア制御も結構面倒なプログラムです。

　メルカドーナの商品戦略は PB 品が多く、約 5,000 アイテムに絞っている点もこの運用を可能としていると考えられます。ここまでの自動化が多関節ロボットなどを利用せずに比較的簡易な機器で実現している点は、メルカドーナの経営思想を理解して応えた設計者が素晴らしいと思いました。

AZ-COM ネット欧州視察研修会に参加して

六郷小型貨物自動車運送株式会社

近藤　哲泰

■はじめに

　イギリス、スペインと聞いて「これは行かなきゃ」とすぐに申し込んだ。というのも 28 年前、学生時代に単身バックパッカーとして 5 週間ほどイギリス、フランス、スペインと旅行して以来、一度もヨーロッパは訪れていなかったため で、非常に興味がそそられた。

　弊社は、主に秋田県内で飲料製品や日配品・冷凍食品などを取り扱っている。主な配送先はスーパーやドラッグストアのセンターや店舗、コンビニのセンター、学校や病院、老健施設などである。

①アマゾンを中心とした EC 市場が成長していく中で、自社を取り巻く環境がどう変化していくのか

②最先端の物流の現場でどれだけ省力化・省人化が進んでいるのか

以上の 2 点をメインの目的として参加した。

　AZ-COM の海外視察は 2 月のアメリカに続いて 2 度目で、前回ご一緒した方も多く、和気あいあいとした雰囲気で参加できた。アメリカ同様に毎日朝から夕食前までミッチリと視察がスケジュールされていて、また移動のバスの中では学びや気づきを共有すべく、感想や意見を発表しあうなど中身の濃い視察研修となっている。

　以下に、マークス＆スペンサーの物流センターと GS1 オムニチャネルセミナーと JETRO LONDON 訪問についてレポートする。

■マークス＆スペンサー物流センター

　マークス＆スペンサーは 1884 年創業でイギリスを代表する百貨店チェーンである。店舗形態は GMS からアウトレット、ホームストアと幅広く約 1,000 店舗を運営している。品揃えのほとんどが PB 商品で、高価格帯・高品質で展開している。

　日本の PB 商品はナショナルブランドの模造品で安さを売り物に流通しているイメージがあるが、ここでは PB の品質で自社をブランド化していた。翌日に視察した「ジョンルイス」やアメリカの「ホールフーズ」も同様だった。

　この物流センターを運営しているのは 4PL 事業者の「GIST」である。

　4PL とは、「①センター運営」「②E コマースの対応」「③トータル的な SCM 管理」「④ 3PL・4PL マーケットに対するコ

ンサルティング」を指している。商品が生産工場から店舗に届くまでを可視化して、管理しているらしい。

　センターでの作業現場では省人化・省力化が進んでいるとは言えなかった。むしろ作業の進捗管理をする部署がセンターの上部に設置されていて、そこで状況を見てヘルプするといったバックアップ体制が敷かれているなど、余裕を持った人員配置がされているように感じた（翌日のジョンルイスやスペインで見たメルカドーナはかなり省人化が進んでいた）。

　素晴らしいと感じたのは、質疑応答の際、「自社の強みは何か」という質問に対し、女性のマネージャークラスの人が、

　①お客様との信頼関係、②コスト、③人と答えた後に、別の方が、「KPIは何か」という質問したところ、女性の上司らしき人が、

　① ON TIME（店舗着時間が前後15分）

　②労働生産性（¥○／PLT）

　③定着性　（目標：離職率5％以下）

と答え、見事に強みとKPIが一致していたことである。

　社員が、自社の強みがどこで、それが数字のどの部分に表れているかを明確にすることと、それを社内で共有しながら常に数値として把握していくことは非常に重要だと気づいた。

■ GS1 オムニチャネルセミナーと JETRO LONDON

　GS1とはグローバル・スタンダード・No.1の略称で、数字のみを表現するJANシンボルやITFシンボルと異なり、アルファベットや記号も表現でき、複数のデータを連結でき

...

るバーコードらしい。

　前述のM＆Sのセンターでも、店舗向けに複数の商品が積み込まれた1パレットのすべての情報がこのバーコードで管理されているようだった。講師は David Smith 氏というバーコードの普及により流通の合理化・効率化を発展させようと事業運営しているグローバルな流通標準化機関のシニアマネージャーだった。

　ここでは主にヨーロッパで最大のEコマース市場となっているイギリスの事情をお聞きした。日本よりもEコマースが浸透していて、スーパーや百貨店での「Click & Collect」の利用率も高く、また受け取りに関しても、宅配だけではなく店舗やロッカーといったものが整備され、それが社会的に当たり前になっているという。このことから、3〜5年先の日本のEC市場と捉えれば、今後の市場動向を読むのに非常に参考になると感じた。

　次に訪問した JETRO では、主にイギリスが EU からの離脱が決まった中で、今後の政治的・経済的な課題と動向についてレクチャーを受けた。

　EU の設立目的はヨーロッパ全体が成長発展することで、加盟国の成長へつなげようという高い理念だったが、イギリスに限らず最近は自国ファーストを掲げる政党が各国で支持を受けている。しかし経済的に見ると、イギリスの輸出入の約半分は EU であり、やはり互いに支えあって存在していると言っても過言ではないと思う。そういった視点で今後のイギリスと EU 各国の対応を注視していきたい。

欧州物流・流通最先端視察会に参加して

株式会社ティスコ運輸

菅原　茂秋

■イギリス視察

◆ギスト社

　最初の視察場所はマークス＆スペンサーの物流を行っているギスト社の視察となりました。センター見学で印象的だったことは、時間帯ごとのオペレーションを意識することにより生産性を高めている点と、パレットでの内容物量をバーコードでトレースしていることでした。また、EU規格のパレットに合わせたコンテナを使用することにより積載効率の最大化を図っていることも、環境先進国だなと感じました。

　質疑応答の中で感じたのは、ギスト社のオリジナリティーと、低温物流のパイオニアとしてのプライドと品質へのこだわりでした。

◆JETRO訪問

　セミナー後にJETROロンドン事務所を訪問し、イギリスの政治の状況や、経済、産業の状況、日系企業の進出状況などを詳しくお伺いし、最後にブレクジットの問題点や国民のEU離脱への強い想いを確認することができました。

◆ジョンルイス物流センター

　イギリスの百貨店ジョンルイス社の物流センターを視察した際には、プレゼン用のフロアーを含めて、まさに見せることを意識した物流センターだなと感じました。センターでの取扱量やアイテム数、EC販売高などわかりやすく紹介して

いただきました。また、戦略的に考えられた投資であるなと感じたのが、ECの伸びに合わせてレイアウトが変更されていることでした。

　2000年からECをスタートし3万アイテムが1年間であっという間に30万アイテムに伸びたという話を聞き、今後の日本でのEC市場の伸びを考えると、物流がどのような変革を遂げていくのか非常に興味深いと思いました。

◆アマゾン・フルフィルメントセンター

　アマゾンの物流センターを視察したのは初めてのことでしたが、ジョンルイスの物流センターと比較すると規模は小さいものの、フリーロケーション管理システム手法は今後のセンター運営において参考になる点が非常に多くありました。また、トレンドごとの可視化された棚割りや、事前にイレギュラーを防止するための取り組みが随所に見られて、勉強になりました。

　このたびの案内の方は専門的に案内をされている方だったそうですが、ホスピタリティー精神が感じられました。また、人材の育成面でも様々な制度があり、就学支援や、社員間のコミュニケーションにも配慮が優れていて、イメージしていたアマゾンとは真逆の、人を大切にする会社だなと感じました。

■スペイン視察

◆メルカドーナ物流センター

　4日目は視察拠点をイギリスからスペインに移しての視察になりました。

　メルカドーナはスペインでも売上規模2兆4,000億円と巨大な食品スーパーですが、地元の方に非常に支持されているスーパーと聞きました。一般的に、日本では大手スーパーというとディベロッパー的なスタンスで物流についてもアウトソーシングするのが一般的ですが、メルカドーナでは社員を大切にするとともに、物流も重要視しており、ほぼ自動化されたセンターには1日に2,000台のトレーラーが発着するということでした。しかも、トラックの出入りは時間で厳格に管理されており、現在日本が問題としている荷待ち時間問題もすでに解消されていて、ドライバーやセンター内で働かれている方の労働環境も素晴らしいと感じました。

　これだけの巨大な物流センターにもかかわらず、柱が非常に細く、地震大国日本では考えられないぐらいのコストで建設できてしまうことが、充実したマテハン機器による自動化を可能にしたのかなとも思いました。しかし、やはり経営者の経営姿勢の中で、スペイン国内のみでの展開にこだわり、「高齢化しても働き続けることのできる会社」というような考え方が、消費者にも伝わり、支持されるのではないかというのが私自身での結論です。

◆ ZARA 本社・物流センター

　5日目は場所をラ・コルーニャ地方へと移しZARA視察となりました。

　まず驚いたのは、広大な敷地と、最初に見学させていただいたオフィスの広さでした。あまりの広さにオフィスの案内を受けるだけで歩き疲れるほどでした。オフィス内は目的ごとにセパレートされており、世界各国の営業マネジャーが中

央に席を陣取り、本社で決定した内容や世界中の ZARA の売上が瞬時に可視化できるシステムを用いて販売方法を検討している様子が圧巻でした。

　二番目に見学したのが、店舗レイアウトを設計するセクションでした。ZARA では本社で決定した通りに店舗のマーチャンダイジングを行うことがルールとなっており、ブランド維持へのこだわりが感じられました。また、広大な物流センターでは世界中から集められた商品が自動化されたラインに流されており、取扱量の多さに驚きました。

　ZARA は一旦全商品を本社物流センターに集めて品質チェックをした後の発送にこだわっており、これがブランドを維持している、と認識することができました。

Omi's Eye

メルカドーナ（店舗・物流センター）

すべての起点は『The Boss』であるお客様を標榜するメルカドーナ

　日本ではあまり知られていないが、経済状況の厳しいスペインにあって、スペインにこだわり、スペイン国内で1,500店舗、売上高約2.4兆円を上げる大手スーパーマーケットのメルカドーナの強みは、何と言っても「働く従業員を、付加価値を追求する企業イノベーションのエンジンとして捉えている」ことにある。だからといってコスト削減に甘い訳ではなく、むしろ徹底している。たとえば棚のスペースを無駄にしないPBの容器の形や、ワインのボトルをできるだけたくさん陳列できる工夫、売れている商品を迅速に追加できるようパレットのままでの売り場陳列など、枚挙にいとまがない。一方、1996年当時17,000名弱の全従業員を正社員化し、社員のやる気と知恵を日々創出させる企業努力も怠っていない。

　従業員も常に創意と工夫で店の業績に貢献し、賃金も高く、若者が働きたいと憧れる企業でもある。加えて、産地との直取引、1品1社取引、PBは常に品質のいい商品をいつも安く提供するウォルマート流のエブリディ・ロープライスを実現し、スペインのお客様から絶大な信頼を得ている。品揃えは5,500アイテムと他社の半分以下、その少ない品揃えは、お客様がどうしてもメルカドーナにな

ければならないと考えるものばかりだ。

　スペイン在住30年のベテランガイドの女性も興奮し

て言うように、『主婦の目線に立ち、主婦が買い物をするときの気持ちで店を回れば、何もかも買いたくなる』店だ。商品の40%がオリジナルで驚くほど安いという。

　マドリード郊外ラセンデリ地区にある物流センターは、2005年1月に稼働した常温・冷蔵・冷凍の自社センターで、徹底した自動化を実現しており、当時スペイン最先端だった。その背景は、人手不足からではなく、従業員を大切にする経営思想に基づいての自動化で、センター内には0歳～3歳まで無料の保育所も併設され、従業員の生活を強力にサポートしている。

　敷地面積6万坪、全1,500店舗中、270店舗にこのセンターから出荷し、取扱品種は5,500アイテム。元々、アイテムを相当絞り込んだ商売を行っているスーパーのため、物流効率がいい。2,000台の車両と960名の従業員が24時間3シフトで作業し、土曜日の22時から日曜日の22時までは休む。その間は約100名の担当者の清掃時間となる。センター内にはゴミがまったくなく、たとえ手すりや壁などを触っても汚れがつくことはない。食品を扱うセンターとして素晴らしい施設と言

える。また、トラックの出入りも時間管理されており、現在日本で問題となっている荷待ち時間問題も解消されており、ドライバーやセンター従業員の労働環境も素晴らしい。

（2017年9月訪問）

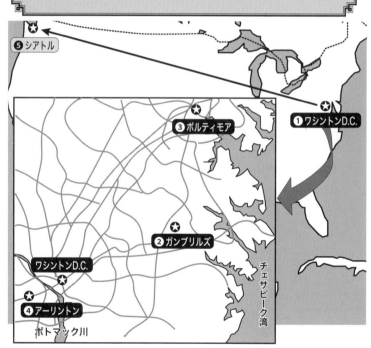

第7回
ワシントンD.C.・シアトル視察

訪問先

ワシントンD.C.／シアトル

日　程：2018年2月19日～25日

❶ワシントンD.C.
・ハリスティーター
・ファッションセンター・ペンタゴンシティショッピングセンター
・在アメリカ合衆国日本国大使館
・FMI 米国フードマーケティングインスティチュート本部
❷ガンブリルズ
・ウェグマンズ Gambrills 店
❸ボルティモア
・HINO USA トゥラクディーラー
❹アーリントン
・全米トラック協会
・ウォルマートスーパーセンター

・フレッシュマーケット
❺シアトル
・アマゾン本社
・アマゾン・ロボティック物流センター
・アマゾンフレッシュ
・アマゾンピックアップセンター
・ニューシーズンズマーケット他
・シアトル物流センター
・クローガー物流センター
・セントラルマーケット
・PCC ナチュラルマーケット
・ホールフーズマーケット

日次	月日(曜日)	視察経路	訪問地	摘　要
1	2月19日 (月)	成田空港　発 - - - - - - - - ワシントンD.C. 着	①ワシントンD.C.	成田空港集合 全日空にてワシントン D.C. へ（飛行時間 12 時間 35 分） 到着後、専用車にて視察 ワシントン D.C. 地区流通事情視察 ◇ハリスティーター（スーパーマーケット） ◇ファッションセンター・ペンタゴンシティショッピングセンター（各自、自由昼食） ●リンカーン記念堂 ○ホワイトハウス ●スミソニアン博物館 【ワシントン DC 泊：ザ メイフラワー ホテル オートグラフ コレクション】
2	2月20日 (火)	ワシントンD.C. 滞在 ワシントンD.C. 発 ガンブリルズ 着 ボルティモア 着 ワシントンD.C. 着	①ワシントンD.C. ②ガンブリルズ ③ボルティモア	ワシントン D.C. 地区物流事情視察 ◆在アメリカ合衆国日本国大使館　表敬訪問 ◆FMI 米国フードマーケティングインスティチュート本部訪問&レクチャー 　＜内容＞米国最新スーパーマーケットトレンドについて ◆ウェグマンズ Gambrills 店　　※店舗スタッフのレクチャー ◆HINO USA トラックディーラー 【ワシントン DC 泊：ザ メイフラワー ホテル オートグラフ コレクション】
3	2月21日 (水)	ワシントンD.C. 発 アーリントン　着 ワシントンD.C. 発 シアトル　着	④アーリントン	ワシントン D.C. 地区物流事情視察 ◆全米トラック協会よりレクチャー 　＜内容＞　米国最新トラッキング情報について ◇ウォルマートスーパーセンター ◇フレッシュマーケット ユナイテッド航空にてシアトルへ（所要時間 5 時間 56 分） 【シアトル泊：クラウンプラザ ホテル シアトル ダウンタウンエリア】
4	2月22日 (木)	シアトル　滞在	⑤シアトル	シアトル地区視察 ◇アマゾン GO 見学 ◆アマゾン本社訪問：レクチャー&本社施設見学 ◆アマゾン・ロボティック物流センター ◆アマゾンフレッシュ ◆アマゾンピックアップセンター ◆ホテルにてシアトル総領事によるレクチャー ◇シアトル市内有力スーパー見学（ニューシーズンズマーケット他） 【シアトル泊：クラウンプラザ ホテル シアトル ダウンタウンエリア】
5	2月23日 (金)	シアトル　滞在	⑤シアトル	シアトル地区視察 ◆シアトル物流センター内でアマゾンフレッシュを見学 ◆クローガー物流センター（米国食品スーパー最大手） ◇セントラルマーケット見学&昼食 ◇PCC ナチュラルマーケット ◇ホールフーズマーケット 【シアトル泊：クラウンプラザ ホテル シアトル ダウンタウンエリア】
6	2月24日 (土)	シアトル　発		専用車にて空港へ 全日空にて帰国の途へ（飛行所間 10 時間 20 分）【機内　泊】
7	2月25日 (日)	成田空港　着		到着後、解散

見学場所：◇視察（自由視察）、◆視察（アポイント有）　○下車観光、●車窓観光

ECの示す物流・流通の進化に触れて

株式会社サウンズグッド

鵜浦　佑介

■ Amazon社から得た学びと気づき

言わずもがな、Amazonと言えばECの最大企業である。今回、本社訪問を中心に様々な施設や取り組みに触れることができた。

◆ Amazonが欲した物と流通の抵抗

ECとしてインターネットを媒介にビジネスを推し進めてきたAmazonが、欲したものの答えはホールフーズの買収であった。この事実には大変に驚き、興味を持った。また、そのAmazonに対して、流通店舗がどのような対策をとるのか。実際に訪問をしてみると、Amazonがリアル店舗を手に入れ、逆に流通店舗のECへの参入や、店舗へのピックアップタワーの導入など、各社が様々な形でECと店舗の融合を図ろうとしていることがわかり興味深かった。

◆ Amazon Go

日本でも話題となった、Amazonの運営する無人店舗への訪問。事前にスマートフォンでアプリを入手し、アカウントを作成し入場ゲートでQRコードをかざすと、店内では会計を一切することがなく、買い物をすることができる。店内にあるカメラで映像認識をしているということだが、その仕組みと精度には心底驚かされた。

◆ **Amazon 物流センター**

　センター内の自動化には非常に感心した。当社は人材派遣を行っており、日本の各地の物流センターに訪問することも多々あったが、アメリカの物流センターはスケールと先進性が大きく異なっていた。

　実際に各ロケーションでロボットを使用し、ピッカーの下へ商品を持ってくる様は驚きであった。日本では各セクションともに人員力ありきでセンターが動いている。また、物流センターに派遣などの外部労働力は存在せず、代わりの取り組みとして近郊の大学と提携を結び、センター内で講義を受けながら働けるようにする取り組みをしていた。

◆ **Amazon 本社**

　今回、Amazon 本社では物流部門である Amazon Flex のチーム責任者の方からの話を聞くことができた。まず、最初に感心したことは、世界で同サービスを展開するチームがわずか5〜6人ほどのチームであり、その専門性の高さであった。また、Amazon の企業理念として、顧客のニーズや要望、

127

利便性を追求し、その先に利益と発展があるという考え方は、非常に刺激を受けた。街中では実際に Amazon ロッカーを見ることができた。日本でも導入に向けリサーチ中とのことだが、導入されれば利便性が高まり、配達にも大きなプラスを生むだろう。

◆ラストワンマイルの可能性

日本でも昨年の大手運送会社の当日配送の撤退で話題になったラストワンマイルへの可能性を、様々な機会から感じることができた。

アメリカでラストワンマイルはこの Amazon Flex を中心に行われている。もちろん FedEx などの大手も使用しているが、大手だけでは賄いきれない成長をしているのは、アメリカも日本も同じであった。アメリカでのサービスで感心したのは、ただの配達ではなく、事前に家の鍵を預かり指定場所へ置くサービスや、車のキーを預かりトランクへ配達するサービスに取り組んでいることであり、日本での実現の可否は別として、ユーザーからの利便性を追求し一歩二歩先のサービスを展開する企業理念の力を垣間見た。

また、Amazon Flex では事前に登録した一般の方が配送にあたっている。アメリカは Uber などが進んでおり、すでに市民権を得ているが、事前に登録し、自分の働けるときに自家用車でセンターに荷物を取りに行き、配達を行う形態を Amazon Flex でもとっている。人手不足が問題になっている中で、このように配送力を確保するビジネスモデルは、非常に有用だと感じられた。日本では事業の届け出や、車両の条件など参入障壁となる部分が多く、配送人員の確保が問題

となっている。

　さらに今回の視察では非常に幸運なことに、物流センターの視察時に、Amazon Flex のドライバーが、センターにて積み込みを行い、配達に行く瞬間を見ることができた。自家用車のトランクや後部座席だけではなく助手席まで荷物を積み配達に向かう光景は、非常に新鮮で興奮を覚えた。実際に自分の目で見なければ味わえない感動だろう。

■米国の労働市場

　Amazon 物流センターでも各スーパーでも、ほとんどが直接雇用で労働者を確保していた。そして、人材に対する賃金の高さや、人件費に投資をしていく姿勢は日本とは大きな差を感じた。中でも衝撃を受けたのは、「顧客と従業員であれば従業員を優先する」というウェグマンズの店長の言葉であった。

　ビジネスとして、良いか悪いかの判断は様々だと思うが、従業員への考え方として日本企業との差を如実に表した言葉に感じられた。

　また、Uber や Amazon Flex など、一般人が個々に直接企業やユーザーと結びつく方法や仕組みが確立されている。アメリカでは、日本のように、無期や有期、派遣や委託など、労働形態に執着していないと感じた。

　日本においても働き方の柔軟性を今より持たせることができれば、労働人口の減少が進む時代において、働き方の選択肢の広がりや、参入障壁の改善など、解決策を模索する上でのひとつの方向性になるのではないかと思う。

AZ-COM 米国最新物流・流通視察に参加して

日野自動車株式会社

伊藤　公一

■ Hino Motors Sales U.S.A 視察

Hino Motors Sales U.S.A（日野自動車の米国販売会社）は HINO ブランドだけではなく、VOLVO、MACK ブランドも扱っています。新車中古車の販売と修理、部品調達を行います。

私は説明を受けた方に質問しました。

Q：『あなたが普段の業務で一番心がけていることはなんですか？』

A：『扱うブランドを傷つけないことだ』

私は『お客様のために○○を……』を期待しておりましたが、意外な回答でした。私が新入社員の頃先輩方から『トラックは物を運ぶための道具。その最適な道具を我々が用意し、お客様より信頼を得る』とよく言われたものです。確かに3つのブランドを扱っているので、"ブランドに迷惑をかけないこと"は当然のことではありますが、これも彼らが置かれた環境と国の文化であることを感じました。

■ Amazon Go 視察

ここで衝撃的な出合いがありました。一言で説明すると"レジのないコンビニ"です。2018年1月22日にシアトルにオープンし、ここが世界1号店です。事前に自分のスマホに Amazon Go アプリをダウンロードし、個人情報（氏名、メー

ルアドレス、クレジット番号など）を入力。

　アプリに表示された QR コードを入口ゲートで IC カードのようにスキャンさせて入店。店内の天井には無数のカメラとセンサーがあり、コンピューター・ビジョンとディープラーニングセンサー技術で顧客の動きを察知し、誰が、何を、いくつ専用のバッグに入れたかがわかるようになっています。3 点の買い物を終え、レジがないゲートを通って店の外へ。

　私は買い物を終えて一度店外に出ましたが、買い忘れた物に気づき、一度目に買い物した商品をバッグに入れたまま再度ゲートから店内へ。

　二度目の買い物も一度目と同じバッグに商品 1 点を入れ、そのまま店の外へ。

　支払いもせずに商品を持って店の外へ出ることは通常では万引き行為です！　複雑な罪悪感を残したまま店の外へ出ました。そして数分後にスマホへ 2 通のメールが届きます。

　Hi KOICHI ITO　Thank you for shopping with us…

　1 通目　Your February 22 receipt for 3 items

　2 通目　Your February 22 receipt for 1 items

　一度目の商品が重複してチャージされることはありませんでした。ニューヨーク・デイリー・ニュースによると、エラーに気づいた場合、もしくは商品に満足しなかった場合、Amazon Go アプリ内で『refund（払い戻し）』ボタンを押すことによって返品を行うこともできるそうです。しかも、商品の返品は必ずしも行わなくても良いそうです。

　この返品に対する Amazon の考え方は、後ほど Amazon 本社視察のパートでご紹介させていただきます。

■Amazon 本社視察

　Amazon Go での衝撃を受けたまま、いよいよ本丸へ訪問します。

　"世界最大の河川アマゾンから名づけられた Amazon.Com"

　その名の通りあらゆる物が流通する場へ挑戦を続けています。書籍・音楽・映像・ゲーム・家電・家庭用品・アパレル・ベビー用品・食品・飲料など、圧倒的なスピード感で品揃えを拡張し続ける巨大企業です。

　《 Amazon の基本思想 》

　『現状に満足することなく、常に今よりも上を目指す』

　CEO であるジェフ・ベゾス（Jeffrey P. Bezos）氏が 1995 年に創業して以来、Amazon.Com は商品の品揃え、インターナショナル・サイト、そして世界中に位置する物流センター及びカスタマーサービスセンターにおいて著しい拡大を行ってきました。

　Amazon には自社配送のための会社があります。Amazon Logistics です。

　基本思想：配送を受けたときのお客様を想う

　• CAPACITY（配送能力）

　• CUSTOMER EXPERIENCE
　　（顧客が利用時に体験する心地よさ、驚き、感動などの感覚的な付加価値のこと）

　• COST（生産にかかる費用、原価）

　右の図は、創業者の Jeffrey P. Bezos 氏がレストランの紙ナプキンにさらさらと書いた経営の基本的な考え方とされております（一

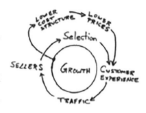

般企業でよくある PDCA です）。

　これが進化し続ける Amazon の根幹にあり続けています。私も少量ではありますが Amazon ユーザーです。そこで私が普段 Amazon に対して感じていることを質問しました。

　Q：『顧客に配送した商品の返品をいつも勧めるのはなぜ？』

　（一度配送した商品の返品は、コストと時間がかかるにもかかわらず、返品を勧めるのはなぜ？　衣料品ではサイズが合わない、色がイメージと違った、やっぱり買うのをやめた、と理由はマチマチ）

　A：『一言で言えば、お客様に満足感を与えるためです』

　Amazon の社内では、何か問題が発生した場合『カスタマーが何を望むか』を常に話し合うそうです。私の今後の業務に大変参考になり、勉強になったことは間違いありません。

　Amazon Go から Amazon 本社への視察は、大変衝撃を受けた一日となりました。

　そのため、2018 年 2 月 22 日（現地時間）は勝手ながら "amazon day" とさせていただきました！

■最後に

- SOMETHING NEW
  　【何か新しいこと（もの）を】
- WHAT IS NEXT ？
  　【次は何だろう？　次は何をしよう？】

　この言葉は大変印象に残りました。今後の業務に活用しようと思っております。

第7回米国最新物流・流通視察会

松下運輸株式会社

坂田　生子

■アメリカという国

　AZ-COM 丸和・支援ネットワークの海外研修で、アメリカを訪れるのは3回目になります。2016年のロサンゼルス、2017年ダラス・ニューヨーク、そして2018年はワシントンD.C.・シアトルを訪れました。訪れるごとに新しい発見があり、妙にワクワクさせる国がこのアメリカです。

　2016年に初めてロサンゼルスを訪れ、オムニチャネル体験とアメリカ有数のマーケットを視察し、その規模とターゲットとする顧客層やその価格帯・販売方法・ディスプレイなど、経営方針の明確さを学ぶことができました。特にホールフーズはそのディスプレイの美しさとイートインのできるサラダバーがとても羨ましく思ったものです。そして初めてのAmazonフルフィルメントセンターでは、その規模と社員に対する福利厚生の手厚さに驚かされたのを今でもはっきりと覚えています。

　その1年後に、ニューヨークを訪れた際は、1年前は元気のあった企業が衰退を始め、日本的経営の永続的思考とは違った、新しく業態を変えてチャレンジしている姿が印象的でした。ニューヨークでのトランプ大統領への反対デモに遭遇し、アメリカの今を感じました。

　そして、2018年は、アメリカの首都ワシントンD.C.・全米トラック協会とAmazon本社を訪問する素晴らしい機会

に恵まれました。

　訪問の半年前に Amazon がホールフーズを取り込み、無店舗販売から店舗を中心としたエリア販売を開始し、配送サービスやピックアップサービスなどのサービスを展開し始めました。

　現在では、Amazon と Walmart の戦いと言われていますが、Walmart でも EC を積極的に開始し、店内にピックアップタワーを試験的に導入し始めたのも面白いと思います。

　前置きが長くなりましたが、アメリカという国は、本当に面白い。発想が豊かで、チャレンジ精神に富み、新たな市場を開発していく力のある興味深い国だと感じています。

◆全米トラック協会を訪問して

　今回の私の視察目的として、全米トラック協会を訪問し、アメリカ内でのトラックドライバーの地位や待遇はどのようなものか、また、彼らがどのように不足するドライバーを確保するのかを知ることでした。

　人口の多くが移民で増加しているアメリカにおいても、長距離トラックドライバーは不足しており、採用については日本と同じような問題を抱えていますが、個配や宅配について

の認識は小さく、正直に少し違和感が
ありました。しかしながら、全米の輸
送量は大きく国土も広いので、ハブへ
の輸送が重要であるのは仕方ありませ
ん。それ以降は、各エリアでの対応と
割り切っているようでした。

ATA エネルギー環境担当
Glen P.Kedzie 氏と

　協会内で、安全対策・環境対策・
政府への政策提言やロビー活動など、
各専門部隊に分かれ、しっかりと活動を行っています。興味
深かったのが、渋滞緩和のために燃料1リットルにつき20
セントを道路整備などに拠出し、生産性を高め経済効果が生
じると説明を受けたことでした。

　アメリカのトラックドライバーの待遇は、10時間稼働・
週5日・時給で約1,800円から2,500円とのことでした。大
体年収600万円程度、稼ぐ人で900万円という高額なもので、
積み降ろしは、基本的に倉庫側の仕事です。日本では、昨年
の約款変更で付帯作業に対しての請求が可能になりましたが、
実際は現在の運賃に含まれるものとされてなかなか値上げに
はつながらないのが現状となっています。

　トラックドライバー不足に対応して外国人労働者を導入す
ることに、アメリカでは労働組合などの反対が大きく、その
点は日本ではどうかとの質問がありましたので、現状は規制
があって採用できないが、外国人ドライバー導入に対する反
対論は特にないと伝えたところ驚いた様子でした。

◆ Amazon Go

　これはすごい！　日本のコンビニはひとたまりもないと感じさせられたのが、この Amazon Go の体験でした。事前にアプリをダウンロードし、氏名・住所・カード情報を登録すると、店舗に入ることができる QR コードが作成できます。これを店舗に入る際にゲートにかざすと一人ずつ入店が可能になります。店内は、コンビニエンスストアのようで、飲料・スナック・アルコール類・パン・雑貨などがきれいに並べられてあり、自分の欲しいものを備え付けの袋に入れて店舗を出るだけです。会計するレジはありません。店舗を出ると5分程度で、アプリに自分の買った商品の写真付きの請求明細書が送られてきます。承認すれば、口座から引き落とされる仕組みです。

　これは顔認証と AI を駆使して開発された技術だそうで、驚きを隠せません。Amazon Go が上陸したら、日本のコンビニはどう戦うのだろうと思います。一番のポイントは、レジ待ちがないことでお客様のストレスがなくなることと、レジの人件費が必要なくなることで、価格競争力に数段の差が出てきます。日本では、今慌ててキャッシュレスサービスと言っていますが、現実はその遥か先の先を進んでいるのです。

◆柔軟な発想と実現力

　Amazon Go でも触れましたが、とにかく彼らの思考の柔軟性と発想力は素晴らしい。既成概念に捉われず、お客様の購買意欲を高めるための様々な試みをし、和佐見代表がいつも仰っているバイイングパワー・数の力がコストを抑制し、さらなる成長につながるという考えと同様に飽くなき挑戦をされています。Amazon Logistic の説明を伺った際も、日本では考えられないようなサービスを考えており、発想から議論を通じて試験的導入のリードタイムが短いこと。

　チャレンジには失敗も含まれているという考えで、挑戦して結果が優れなければ、改善したり変化させたり、それらを楽しんでいるかのようにすら思えます。日本では前例のないことに対しては、とても抵抗感があり、失敗しないようにと考えるあまり、何事も時間が必要となってしまいます。無謀なチャレンジはできませんが、走りながら考えているという点、また、画一的にするのではなく、エリアや習慣などに合わせてフレキシブルにサービスの対応を変えている点が、かえって合理的で興味深く思えました。

　また、2017 年 11 月にトランプ大統領の減税措置が実現し、アメリカは景気が上昇しているようです。これは、減税を受けて企業が労働者へのインセンティブを増やし、給料の上がった労働者たちはますます購買意欲を持って消費する。この良きインフレのループが実現しています。その証拠に高級スーパーが元気になり、高級デパートはディスカウントできるアウトレットショップを展開しています。

　日本では最高益を出している企業すら内部留保するため、

なかなか市場に結果が現れません。緩やかな景気上昇傾向にあっても、一部でしか賃金上昇につながらないため、実感が持てないのが日本です。ここが日米における実現力の違いだと感じています。

■まとめ

「百聞は一見にしかず」という言葉がありますが、まさに実際に現地に立ち、現物を見て、そこにいる人々との交流を持って、初めて体験学習ができるのだと教えていただきました。一度でも実際に見てみることでその大切さを実感できますが、こうして定期的に定点観測をするのも、世界経済を垣間見るようでとても興味深く思います。

次回は、もう一度、減税で全米一元気になったテキサス州のプレイノ・ダラス・ヒューストンなどを訪問してみたいと思います。

第7回

Omi's Eye

従業員がどこよりも生き生きと働くスーパー

ワシントンD.C.・ウェグマンズGambrills店

　全米スーパーマーケット協会に加盟する 2,300 社の中で、毎年フォーチュン誌が選ぶ最も働きたい企業ベスト 100 社の中の、さらにベスト 10 社に入る唯一のスーパーマーケットがウェグマンズである。なんと、この会社では『誰よりも先にまず従業員』で、従業員が良くなれば必ずお客様への対応も良くなる、と考え実践している。　日本中どころか世界中の小売業とは真逆の発想だ。

　1916 年ニューヨーク州北部の町ロチェスターの青果商として創業。現在 99 店舗、標準店舗面積は 9,900㎡と広く、その 3 分の 1 は食品売り場で占められ、総売上 92 億ドルを超える高級スーパーマーケットだ。冷凍食品やインストアベーカリーの導入など、どこよりも早く取り入れ、品揃えはオーガニック素材や自然食品に加えて、ミールソリューションも全米のスーパーマーケットに先行して導入し、顧客の絶対的な信頼を得ている。どの店でも選ぶのに迷うほど常・冷・温の惣菜類やサラ

ダ類が豊富で、顧客の人気は高い。イートインコーナーも広く、テーブルや椅子もしっかりしたものを備え、かつてのスーパーにあったような、売り場の片隅に用意されたみすぼらしいイートインとはまったく別物といえる設え。またお客様が買い物に集中できるように本格的なキッズルームも併設されている。

　ところで、お客様に支持される店の要諦とは、品質のいい商品をきちんと品揃えするだけではなく、どんな層のお客様でも必ず欲しいと思われる商品は、どこよりも安く、しかも新鮮さを失わずに提供することにある。高級スーパーといえども同様で、アメリカではまさに牛乳やバター、ヨーグルト、ミネラルウォーターなどがそうした商品にあたる。

　メリーランド州 Gambrills 店での店長の言葉、「お客様よりもまず働く従業員を大切にしている。そうすれば自然とお客様への対応に現れる」には誰しも耳を疑った。持ち場、持ち場の従業員がお客様対応に工夫を凝らし、ファストフード店のような画一的なあいさつではなく、心のこもった対応がお客様を和ませる。また、店長は、「我々は『新しい顧客よりも古くからのお客様を大切にする』という考えで経営にあたっている」と社のポリシーを語る。

　購入チャネルは多様化しているが、売り場で自分の目で見て手で触り、においを確かめて買いたい、という主婦の思いを体現しているからこそ選ばれる企業だと言える。

（2018年2月訪問）

第7回

第8回

ノルウェー・デンマーク スウェーデン・フィンランド視察

訪問先

オスロ／コペンハーゲン／ヘルシンボリ

／ストックホルム／ヘルシンキ

日 程：2018年7月1日～8日

❶オスロ
・在ノルウェー日本国大使館
・市内スーパーマーケット
・XXL社オートストア物流センター
❷コペンハーゲン
・NETTO物流センター
❸ヘルシンボリ
・ICA物流センター

❹ストックホルム
・ICA・MAXI（スウェーデン最大スーパー）
・Hemkoop
・DAGAB(Hemkop)物流センター
・スウェーデン流通サービス貿易連盟STFにて
　　　　　　　　　　　　　　北欧流通セミナー
・スカニア本社（スウェーデントラックメーカー）
・スカニアトラック工場
❺ヘルシンキ
・Lidl店舗
・Lidl物流センター

日次	月日(曜日)	視察経路	訪問地	摘　要
1	7月1日 (日)	成田空港　発 ヘルシンキ　着 オスロ　着		成田空港集合 日本航空にてヘルシンキ経由にてオスロへ (飛行予定時間：10時間10分) 着後、乗換 【オスロ泊：トーン ホテル オペラ】
2	7月2日 (月)	オスロ　滞在 オスロ　発 コペンハーゲン　着	①オスロ	◆**在ノルウェー日本国大使館　表敬訪問** ◇市内スーパーマーケット視察 ◆XXL社オートストア物流センター視察 スカンジナビア航空にてコペンハーゲンへ 【コペンハーゲン泊：インペリアル ホテル】
3	7月3日 (火)	コペンハーゲン　発 ヘルシンボリ　着 コペンハーゲン　着	②コペンハーゲン ③ヘルシンボリ	◆NETTO物流センター視察（ディスカウントスーパー） ◆ICA物流センター訪問（スーパーマーケット） 【コペンハーゲン泊：インペリアル ホテル】
4	7月4日 (水)	コペンハーゲン　発 ストックホルム　着	④ストックホルム	スカンジナビア航空にてストックホルムへ ◇ICA・MAXI（スウェーデン最大スーパー） ◇Hemkoop（スーパー） ◆DAGAB（Hemkop）物流センター視察 【ストックホルム泊：クラリオン ホテル ストックホルム】
5	7月5日 (木)	ストックホルム　滞在 ストックホルム　発	④ストックホルム	◆スウェーデン流通サービス貿易連盟にて 　　　　　　　　　　　北欧流通セミナー ◆スカニア本社訪問（スウェーデントラックメーカー） スカニアトラック工場見学 クルーズ船シリアライン乗船にてヘルシンキへ 【シリアライン　泊】
6	7月6日 (金)	ヘルシンキ　滞在	⑤ヘルシンキ	ヘルシンキ物流事情視察 ◇Lidl店舗視察（ディスカウントストア） ◆Lidl物流センター視察 【ヘルシンキ泊：ラディソンブル プラザ ホテル ヘルシンキ】
7	7月7日 (土)	ヘルシンキ　発		日本航空にて帰国の途へ 【機内　泊】
8	7月8日 (日)	成田空港　着		

見学場所：◇視察（自由視察）、◆視察（アポイント有）　○下車観光、●車窓観光

143

合理的思考に学んだ北欧

信和商事株式会社

中村　昌弘

　私にとって初めての北欧訪問となりましたが、予想していたイメージ通り歴史を感じさせるシンプルで美しい街並みでした。

　北欧は過去何度も、経済危機に直面した苦しい時代があり、オイルショック、バブル崩壊、リーマンショックなど、世界経済が低迷した時代には、北欧経済も同様に壊滅的な打撃を受けてきました。その度に内需依存では高成長を望めず、輸出で国を支えざるをえないと認識してきたそうです。

　そして企業が国際競争に勝ち抜いて、経済成長しないと社会保障が支えられない、という危機意識が企業と国民と政府の三者に根付いていると言われています。

　政府が主導して徹底した学びの環境づくりを行い、優れた人財を創出する。そしてその人財で組織された企業が高い収

益を上げることで、国が成長し手厚い社会福祉を実現しています。

　このような好循環は、汚職も少なく、情報公開を徹底する透明性の高い政府に対する国民の絶大な信頼があるから実現しており、だからこそ国民は高い税負担を受け入れ、国へ貯金する感覚で税金を支払っている、とまで言われているようです。

　企業と国民と政府がそれぞれの役割を果たし、お互いに支え合いながら価値を創造して国際競争へと挑んでいく。このように利害が一致することで高い税負担ながら手厚い社会保障の社会が確立され、国民一人当たりの GDP も常に世界の上位にあり、女性の社会進出も高い水準にあるなど、世界的にも注目をされています。

■フィンランドLidlの訪問

　Lidl（リドル）は世界中に8,000店舗を展開するドイツ発のディスカウントスーパーマーケット。「上質・低価格」をコンセプトに商品を絞り込むことでコストを下げ、これらを実現しています。商品は国際共通品50%、各国採用品50%となっており、焼きたてのおいしいパンを看板商品として人気を広げてきました。

　店内に入ると台車パレットのまま、ケースごとに商品が陳列されており、違和感もなくとても合理的だと思いました。北欧の人々は、もともと質素な暮らし方を好み、合理的な思考が高い傾向にあると言われているため、こういう国民性も北欧で急成長を遂げた要因ではないかと思います。

■古紙・廃棄物処理

　北欧のSM店舗や物流の現場では、原則廃棄物を手積みするという概念はないようです。また、日本ではまだ少ない脱着式のコンテナ自体に様々な減容装置がついているものが普及しており、スペースコスト、収運効率化への意識の高さを感じました。

■職場環境についての気づき

　カジュアルながらもデザインされた職場、食堂などの厚生施設をはじめティータイムの配慮などが見受けられました。我々古紙・廃棄物業界はどうしても厳しい労働環境のイメージが強いため、こういった身近なところから継続的な改善を

進めていきたいと思います。

■結びに

　今回の視察において現地に行き直接自身で感じ取り、気づき、学ぶということの大切さを改めて認識しました。ご一緒させていただきました皆様に御礼申し上げます。ありがとうございました。

第8回

147

欧州最新流通・物流事情視察に参加して

共通運送株式会社

永原　敏雅

■初めてのヨーロッパ

　私にとっては初めてのヨーロッパ、初めての北欧、初めての本格的な海外視察だった。ノルウェー、スウェーデン、フィンランドの北欧3か国は、いずれも人口500万人程度で北海道の人口と同程度でありながら、その面積は日本全土に匹敵し、人口密度は北海道の67.85人/km²に対して、ノルウェーは16.34人/km²、フィンランドは16.27人/km²、スウェーデンは22.47人/km²と3分の1以下で、北海道以上に物流困難な地域である。そのような地域だからこそ、様々な工夫が学べるものと期待して参加した。

■高度に自動化が進んだ施設で感じたこと

　先進的な物流機器の代表に、ノルウェーの企業が開発したオートストアがある。その画期的な構造により収納効率を極限まで高めると同時に、作業者への負担が少ない、効率の良い作業を実現している。実際の施設を視察させていただくと、通路のまったくないオートストアはまさに究極の保管方法で、多品種小ロットの保管に適し、

収容効率の良さが最も発揮されている上、入出庫も効率的にできるものと見受けられた。カテゴリーで言うと、ファッション、コスメ、パーツ、ドライグロサリーなどがオートストアの能力を最大限に発揮できると思われる。

　次にやはり高度に自動化が進んでいる NETTO 物流センターを視察させていただいた。そこでの説明者はダイフクヨーロッパの方であり、「仕分けは自分たちが行っている」との自負を感じた。

　実際にラインを視察させていただくと、作業員が関わるのは、入荷と出荷そしてパレットへの配積み作業だけであった。入荷と出荷については「乗車パレットリフター」でトラックから直接荷降ろし、そして積み込みを行い、一切手作業は行われていなかった。パレットへの配積み作業は、配積みが上がるに従いパレットが降下し、手作業は常に水平移動で、上に積み上げたり下に降ろしたりする作業がないように工夫されていた。その他はすべて自動化されている。入荷場、自動倉庫、仕分け機、ラップ巻き機、出荷待機場などが自動搬送機で結ばれており、作業員が物流センター内で商品を運んでいる姿などは皆無である。

　メンテ要員は「仕分けは自分たちが（メンテしている機械が）行っている」との自負がある。実際に NETTO 物流センターのメンテナ

ンス室を視察すると、専用の管理ブースが仕分け場の中心にあり、メンテ要員が24時間機器を見張っている。バックヤードにあるメンテ機器と予備部品は、物流セ

メンテナンス室が仕分け場の中心に

ンターの様相ではなく、工場のラインをきっちりメンテできるほどの規模であった。高度に自動化が進んだ物流センターは、仕分け作業員が中心ではなく、メンテ要員が中心に変貌していく、という姿をこの目で見ることができた。

■全施設に共通して感じたこと

　一方高度に自動化された物流センターだけではなく、すべての物流センターに共通していたのは、「乗車パレットリフター」と「ボイスピッキング」を導入しているということである。日本の物流センターが変貌する直近の姿は、この2点の導入ではないかと感じた。

　すべての物流センターで、「乗車パレットリフター」は、日本の物流センターと違い、走行にスピード制限を掛けていなかった。つまり水平搬送のスピードやピッキングスピードは高速である。そうすると安全面が不安になるが、歩いている作業員はほぼ皆無である上、パレットリフターには衝突感知装置がついているとのことだった。また幅が狭いユーロパレットが標準であることから、必要とされる通路は細く、プラッターが回転できる幅があれば「乗車パレットリフター」

が２台楽々すれ違うことができる。これはラックのレイアウト上で有利であると思われる。次に小回りができるか心配したが、実際に動きを見ると想像以上に小回りが利き、問題なく縦横

乗車パレットリフターを全施設で使っていた

無尽にセンター内をピッキングしていた。

　もうひとつ、すべての物流センターでは「ボイスピッキングシステム」を導入し、ピッキングリストは皆無であった。これは、出庫リストをチェックするために何度も確認する必要がない上、ミス防止にも役立つ。大量の紙も使用せず、紙を持たないために両手が空き、作業効率が上がる。さらに実際の視察の中では、英語の機器とフィンランド語の機器があり、言語の壁をボイスピッキングにより乗り越えていた。

■当社がこの物流視察から生かして行きたいこと

　当社では「ボイスピッキングシステム」の導入に向けて視察前より動き出しているが、今回の視察でその効果を確信した。さらに加速させて取り組んで行きたい。

　「乗車ピッキングリフト」はごく一部で限定的に導入しているだけである。物流センター内の狭隘化した導線や、細分化された出庫指示などの整理を進めて、物流の効率化を進めるため、導入の拡大を検討したい。

欧州最新流通・物流事情視察レポート

東部運送株式会社

川崎　敬文

■NETTO 物流施設

　7月3日、北欧物流施設研修3日目、デンマークのディスカウントショップNETTOの物流施設を見学した。デンマークは世界有数の高税率国であり、消費税が25％と高く、庶民にはディスカウントショップなどの低価格店は人気がある。

　物流センターの構成は、「常温」「チルド」「冷凍」の3構造からなり、自動倉庫、自動仕分機、自動ピッキング装置などが、導入されている。

（1）商品の供給とメーカーへの発注は、本部が行い、本部は、販売状況をPOSシステムで捉え、在庫を把握し、適当な量を適当な時期に店に供給する。

（2）入荷はパレットごとに管理され、トレーラーで入荷する。パレットには、IDが印刷され、パレット管理されている。

（3）入荷した商品は、ローリフトの電動パレットローダーか、フォークリフトでトレーラーから降ろされる。

　　　入荷後、パレット品質が検査され、不合格のパレットは、パレット交換機で良品のパレットと交換される。北欧の流通業界では、完全にレンタルパレットが実施されている。問題のないパレットは、入庫ステーションに置かれ、はみ出しと、重量をチェックし、パレットに貼ら

れた荷札のバーコードをスキャンする。40台の無人搬送車が、1時間697パレットの速さでコンピューターの指定する場所に搬送する。自動倉庫の入庫は、1時間333パレット、出庫は337パレットを出荷している。一般に北欧では、段ボール包装より、シュリンク包装が多く、荷姿が不安定である。

（4）オーダーピッキング

①パレット単位の出荷

　ドライ商品は、パレット自動倉庫から出庫され、パレットは途中に札が貼られ、店別出荷ラインに並べられる。

②ドライ商品のケースの自動仕分機への自動送り出し

　自動倉庫から自動仕分機のシュートまで、人の手に触れることはない。自動倉庫から自動仕分機まで情報がトラッキングされている。

③ドライとフレッシュの自動仕分機への手動送り出し

　自動倉庫から出庫されたパレットは、パレットステーションに来る。作業者は、取りやすい高さにパレットの高さを調整し、ケースを滑らせベルトコンベアに送り出す。次にケースは、ベルトコンベアに移され、自動仕分機に載せられ、目的のシュートに分けられる。自動倉庫から運ばれたパレットは、すべて店別に仕分けられる。

④マニュアルパレタイズ

　パレタイズされたパレットは、床に降ろされ、ストレッチフィルムにラッピングされ、荷札をつけてSTVに載せられ、店別に仕分けられる。

　北欧の流通において、パレットの共有・共通化は、特筆すべきことであり、日本もそのようなシステムができれば、もっと輸送を含め、物流の合理化ができると思われる。またNETTO物流センターに15人のダイフクヨーロッパの社員が常駐し、メンテナンスを行っていることに驚いた。

■ICA物流センター

　スウェーデンを中心に2,100店舗以上を展開する、北欧最大手の食品スーパーである。

　ICAは今日、デンマーク、ノルウェー、フィンランド、ラトビアにいたる地域をマーケットとする。

　同社は、国内19か所に温度帯別物流拠点を配置していたが、経営の効率化を目指し、物流拠点を新たに設けた。常温、青果・冷蔵（フレッシュ）、冷凍（コールド）の3温度帯のエリアを持ち、アイテム数5,000の商品を一括処理する総合物流センターである。

　店舗は、コンビニ系、食品スーパー、大型スーパー、郊外型総合スーパーまでの4業態に納品を行う。これに応えるため、物流は多種多様な商品を迅速かつ低コストで処理することが求められる。センター内のマテハンは、大幅な自動化と、人に優しく、作業が楽にできるようにシステムが構築されている。ドライ品のシステムは、自動化、人手作業を省力化し、迅速な出荷を実現している。ドライ品は、パレット単位で入荷し、検品後コンベアから高速搬送台車によりパレット自動倉庫に入庫する。

　自動倉庫には1,800アイテム、26,000パレットを管理して

いる。入荷した商品は、出荷に迅速に対応できるように、多量品はフェイスデパレタイザで、少量品はマニュアルピックでケース単位にばらしてから自動倉庫に一時保管する。

　出荷は、オーダーに引き当てられた商品が自動倉庫から店舗別に順列出荷され、該当するシュートに仕分けられる。シュート先端部は配送台車への積み付けステーションになっており、1ステーションに3シュートが合流している。ステーションでは、作業者がモニターに指示された積み付けパターンに従って商品を台車に積み付ける。

　どのステーションも昇降機付きで、台車に一段積み込むとその分だけ降下する。これにより、作業姿勢の負担が少なくなり、作業員に優しいシステムとなっている。1台分の積み付けが終わると、台車を払い出すと同時に次の空き台車が自動でセットされ、作業が継続する。

　ICAのマテハンをサポートしているのも、日本のダイフクであった。

<用語補足>

シュリンク包装……商品を密封、汚れ防止などの目的で透明フィルムで覆うこと。

シュート……出荷方面ごとに商品を配分するためのコンベアの出口のこと。

パレタイズ……入荷した商品を保管のためにパレットに積み込むこと。

STV……ソーティング・トランスファー・ビークル。自動倉庫と組み合わせて、高度な複合システムを形成する高速仕分け台車。

フェイスデパレタイザ……地上をパレット用コンベアが走り積載した製品を供給する。架台上に製品コンベアがあり、切り出した製品を整列して払い出す機能を持つ。

第8回

Omi's Eye

『会社は守らないが個人は守る』ことを重視する

スウェーデン流通サービス貿易連盟（Svensk Handel)

　全米小売業協会（NRF）が主宰する国際流通団体フォーラム（FIRAE)に加盟する Svensk Handel はスウェーデンの流通・卸・サービス・輸出入貿易企業が加盟するスウェーデン唯一の流通・サービス・貿易関係団体で、加盟企業は 11,000 社を超える。会員の中にはユニクロも H&M、IKEA などの大企業も加盟しているが、会員の 75％が従業員数 10 名以下の零細企業だ。

　彼らの主な活動は、卸・小売業の調査分析はもちろん、従業員と企業の雇用関係を良好に保つためのサポートや、より良い業界にするための政治家への働きかけ、会員企業へのカード手数料率の改善、犯罪防止のセキュリティ強化の提案など多岐にわたる。さらに小売業関係の案件で毎週内閣と打ち合せ、調整をしている。

　特にほかの国の団体と大きく違う点は、この協会に加盟している会員企業は、VISA は 0.22％、マスターは 0.48％の手数料でカード決済ができる点だ。これは、協会とカード会社との手数料値下げ交渉による成果で、クレジットカード使用率は 83％にまで高まっている。スウェーデンはキャッシュレス化が進んでおり、小さな店ほど現金を置いておらず、「Card Only」と断られることも多い。防犯面やお金を数える手間を省くなどメリットも多い。クレジットカードが使われることで、人手不足

を補うこともできて不正なども防止できるという。また、欧米諸国同様、年々ＥＣの伸びが大きく、その結果、実店舗が閉店に追い込まれるような現象が起きている。

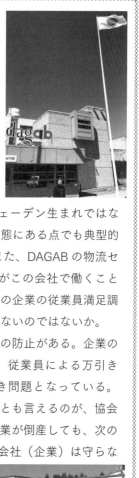

　一方、たとえば協会傘下の大手小売業 DAGAB では総従業員数の 58％が女性従業員であることやその 31％が 22歳以下で全マネージャー 1,299 名の内 40％を女性が担っており、12％がスウェーデン生まれではない人たちが占めているなど多様な雇用状態にある点でも典型的なスウェーデン企業の特徴と言える。また、DAGAB の物流センターでは総従業員 9,900 名の内 83％がこの会社で働くことを誇りに思っているという。日本の多くの企業の従業員満足調査でもこれほどの高い数値を上げる例はないのではないか。

　また、喫緊の課題としては万引き犯罪の防止がある。企業のロスの内 1/3 はお客による万引きだが、従業員による万引きも 1/3 を占めており、早急に解決すべき問題となっている。そしてなんと言っても日本人には衝撃的とも言えるのが、協会に加入していれば、たとえ勤めている企業が倒産しても、次の企業への就業を保証していることだ。『会社（企業）は守らないが個人は守る』ことを重視しており、これは国の方針にも沿うもので『人』を尊重する、いかにもスウェーデンらしい取り組みと言える。　（2018年7月訪問）

Omi's Eye

小売市場の寡占下、ディスカウントスーパーが
消費者の高い支持を得ている北欧市場

誰もがうらやむ高福祉高負担国家群「北欧の流通事情」

　北欧4か国（ノルウェー、デンマーク、スウェーデン、フィンランド）は高福祉高負担国家で、1人当たりのGDPは一番高いノルウェーで日本の50%増し、一番低いフィンランドでもほぼ日本並みだ。総じて豊かで、4か国合わせた国土は日本の3倍にもかかわらず人口は4か国合わせても日本の約4分の1。医療や教育、公共交通は無料だが、国民の所得に占める納税額は社会保障費なども含めると60%と高額に上る。たとえば、マクドナルドなどのファストフードは日本の倍以上もする。それでも幸せを感じる国民の比率は半端ないくらい高いという。オスロやコペンハーゲン、ストックホルムの街角のスーパーやレストランの値段は総じて高いと言われ、所得も高いが消費税が25%（内税）であることもあり、外国人には物価も高いと感じる。

　流通業界に関して言えば、政府は市場原理に徹しており、EUからグローバル企業も参入する激しい価格競争の過程で、大手から中小に至るまで既存小売業の合従連衡は、市場を極度に寡占化させている。特に食品小売業の市場占有率は高く、北欧4か国ともほぼ大手数社で過半を占めており、現地在住の日本人主婦が「日本に比べると選択肢が断然少なく、もう少し選択肢が増えると嬉しい」と話すほどだ。ただ、「上手に買い物をすれば日本よりお金がかからないかもしれない」とも。たとえばジャガイモ2kg200円ほど、人参も同様で、玉葱は

1kg100円程度という。

　ところで、北欧商圏は地理的にドイツに近く、REWEやEDEKAに代表される強大なボランタリーチェーンの思想が伝播しており、ICAなどスウェーデンの食品小売市場の50%強を占めるまでに成長したボランタリーチェーンがしっかり消費者の支持を得ている。また、商圏が近いということでドイツの誇る世界最強ディスカウントチェーン『リドル』や『アルディ』がいち早く進出し、消費者の支持を受けつつある。この2社は、もともとコストの安い郊外や治安の良くない地域にも出店するなどコスト低減を図る企業方針だけに、消費者の絶対的な支持を得るまでには時間が掛かっている。し

かし、ようやく「消費者に品質のいいものをいつも安く届ける」ことで市民権を得、着実に顧客を増やして、北欧の食品小売マーケットの10%を超えるほどに育ってきている。特にヘルシンキの『リドル』は市内で一番先に焼き立てパンコーナーを設け、お客様から絶大な支持を受け、一気にヘルシンキ中のスーパーに広まったと言われている。デンマークではNETTO、REMA1000、スウェーデンではWILLYSなど強力なディスカウントスーパーがあり、いずれも"いいものを安く"を実現して、市民の支持を得ている。

（2018年7月訪問）

第9回

ベトナム視察

訪問先
ハノイ／ホーチミン
日　程：2018年11月19日〜22日

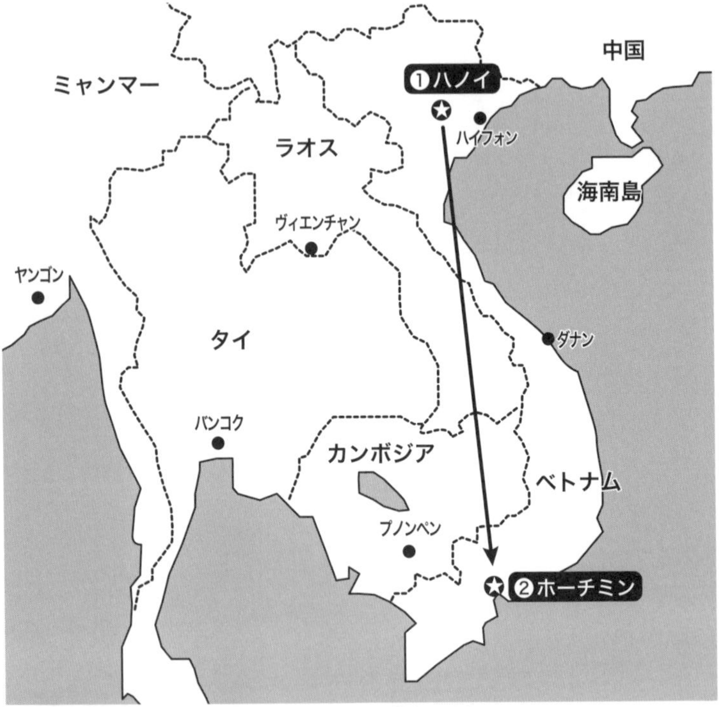

❶ハノイ
・在ベトナム日本国大使館
・マイリン人材養成派遣センター
・Vinmart warehouse

❷ホーチミン
・Big C 物流センター（コールドストレージ）
・Big C 本社・サポートセンター
・C&F ロジホールディングス メイトウ
　ベトナム第二倉庫

日次	月日(曜日)	視察経路	訪問地	摘　　要
1	11月19日 (月)	羽田空港　発 ハノイ　着	①ハノイ	羽田空港集合 全日空にてハノイへ ◆在ベトナム日本国大使館　表敬訪問 ◆マイリン人材養成派遣センター訪問 【ハノイ泊：ニッコー ハノイ】
2	11月20日 (火)	ハノイ　滞在 ハノイ　発 ホーチミン　着	①ハノイ	◆Vinmart warehouse 視察 　　　店舗にてブリーフィング ◇イオンショッピングモール内店舗見学 ○ホーチミン廟観光 ベトナム航空にてホーチミンへ 【ホーチミン泊：ホテル ニッコー サイゴン】
3	11月21日 (水)	ホーチミン　滞在	②ホーチミン	◆Big C 物流センター（コールドストレージ） 　　　見学及びレクチャー ◆Big C 本社・サポートセンター訪問 ◇イオンモールビンズオン店視察 ◆C&F ロジホールディングス 　　　メイトウベトナム第二倉庫視察 【ホーチミン泊：ホテル ニッコー サイゴン】
4	11月22日 (木)	ホーチミン　発 成田空港　着		全日空にて成田へ

見学場所：◇視察（自由視察）、◆視察（アポイント有）　○下車観光、●車窓観光

第
9
回

大いなる可能性を秘めた国　ベトナム

株式会社吉富運輸

辻尾　英昭

　私にとって初めての海外視察研修であり、視察内容につきましても3泊4日の日程をフルに活かした濃密なものであり、大変貴重な経験をさせていただきました。

　初めて訪問したベトナムの印象は、2人や3人乗りのバイクが溢れ返り街中を縦横無尽に走り回る活気のある国。街中には若い人ばかりが目につき、労働力や人材が豊富に眠る国。そしてASEAN加盟国の中でも親日な国民性と今後大いに成長する可能性を秘めた国であるベトナムでした。

■在ベトナム日本国大使館

　ベトナムの地に降り立って最初の訪問先が在ベトナム日本国大使館でした。

　首都ハノイに所在する大使館では、梅田大使自らの言葉でベトナムという国の現状や政治・経済について、また現在のベトナムと日本の関係性の説明を受けることができました。

　ベトナムは共産党一党支配体制であるがゆえに政情・治安は安定しているが、汚職や贈収賄がいまだにまかり通る国であり、政府の意思決定だけではなく裁判所ですら賄賂の影響大という恐ろしい状況からの脱却が課題。ただし、成長性については国民一人当たりのGDPは毎年6％程度ずつ伸び続けており、外資の参入も伴ってASEANの中でも成長中の国です。

　日本に対しても非常に親日な国であり、数字的な部分では日本における在留外国人数は中国・韓国に次いで第3位（29万人）に増加中。特に技能実習生については3年前に中国を抜いて第1位（約13万4,000人）に増加していますが、反面不法残留者も韓国・中国に続くワースト3位。特にベトナム人は技能研修生の失踪者が多く、窃盗や万引きでの逮捕者が多いのが特徴（低賃金での雇用者が大半を占める）。

　梅田大使の話で興味深かったのは、「これまでベトナムでは悪質派遣業者がろくに日本語も話せないベトナム人から高額の斡旋料を取って日本へ技能研修生として派遣することが横行していたが、現在は大使館が事前に研修生本人と面談をして語学力の確認を行い、悪徳派遣業者は処罰するなど、大使館が主体となって日本への技能研修生派遣に力を入れている」と宣言されたことでした。

　★ベトナムの概要

　① 人口：9,370万人

　② 国民平均年齢：30.4歳（日本は46.3歳）

③ 面積：約33万㎡（九州以外の日本とほぼ同一）

④ 国土は日本に似て縦長（長さは約1,600km）

⑤ 一人当たりのGDP：2,385ドル（日本の1/16）

⑥ 最低賃金：月額398万ドン（約2万円）

■マイリン国際投資有限会社ベトナム技能実習生教育センター

　ハノイから車で約1時間移動したマイリンの技能実習生教育センターの見学は私にとって非常に衝撃を受けるものでした。田舎町に日本の全寮制高校のように校舎・運動場・学生寮などの設備を備え、全寮制で学生に語学・技能教育を行い、質の良い学生を海外に技能実習生として派遣するというシステムがそこにはありました。

　特に印象に残ったのは、株式会社丸和運輸機関に派遣予定の学生による丸和運輸機関の社是などの唱和です。遅い時間ではありましたが、和佐見理事長の前に並んだ派遣予定の十数名の学生が一斉に丸和運輸機関の社是を軍隊のように一糸乱れぬ姿で数分間唱和する姿は、驚きとベトナム人が今後日本における技能研修生派遣の主流になる可能性を納得させる内容でした。

　学生側は技能研修による海外派遣で生活レベルの向上やスキルアップを狙う→学校側は面接で選抜した学生に質の高い教育を行い海外の企業に派遣することで企業側から利益を得る→企業は語学教育を受けた人材（労働力）を得る→派遣期間が終了した学生はベトナムに戻りベトナムに進出している外国企業などに勤務する、というそれぞれにWin-Winの関係が構築されており、マイリンの場合は事前に企業側と打ち

合わせを行い、ベトナムにいる段階で先に企業ごとに合わせた研修を行ってから日本に派遣するため、比較的スムーズに日本側での受け入れが可能という話でした。

　梅田大使より、悪質な人材派遣業者が未だにベトナムには多いという話がありましたが、マイリンの場合は丸和運輸機関への派遣実績もあり、我々のような中小企業でもご指導を受けながら何らかの取り組みができるのではないか、という安心感も良かった点のひとつです。

■まとめ

　最後に、今回のベトナム研修を通じて感じたのは、私の中でASEANの後進国と思っていたベトナムですが、外資系企業の参入による近代化であったり、毎年のGDP伸び率や平均年齢30歳であったり、ベトナムの今後の発展性です。確かに、物流面においては市場文化（冷蔵庫が未普及）や道路などのインフラ整備が遅れており、コールドチェーン網も整備されておらず、物流センターも一昔前の非効率な日本のセンターのような一面もありましたが、こうしたベトナムという国自体のマイナス面と今後の発展性の両面が見られたことは非常に良い経験になりました。

　特に海外からの技能研修生の受け入れについては、今後の自社の成長を考えると大いに検討すべき案件であり、大きなヒントをいただけた非常に有意義な研修でした。

初めての海外視察研修に参加して

株式会社タカダ・トランスポートサービス

山根　孝雄

■はじめに

　今回、仕事として初めて海外に渡航いたしました。弊社事業との関連性を考えると、海外に行く機会はまずないだろうと思っておりましたが、今回参加させていただき、視野を広げるとはまさにこういうことかと感じ得ました。海外の情報は、インターネットを介していくらでも収集できる世の中ではありますが、やはり五感で感じる体験は写真や文章では学び得ないものであり、今回、貴重な体験をすることで、今後の自分の課題に対して考える時間を持つことができました。

■Big C 物流センター視察

　3日目午前中に Big C 物流センター、サポートセンターを視察いたしました。Big C というスーパーマーケットを知らない私にとって、見るモノ・聞くモノすべてが新鮮で、ベトナムの物流事情を知る良い機会となりました。

　Big C 物流センターは、冷凍・冷蔵品を扱っており、ベトナム南部の商品をほぼ管理しているとのことでした。倉庫内も見学させていただきましたが、商品管理も日本と変わらない仕組みで行われているように見受けました。コールドチェーンの成長率はホーチミン市内で5％上昇しているとのことで、今後ますます需要が高まることが感じられました。

　ただ、ベトナムでも人材不足が発生しているとのことで、

人材教育をしっかり行い、責任あるポジションを任せられるようにして、若い人を集める努力をしている、との話でした。やはり人材教育は少なからず行うべきであり、どのようにやりが

いを感じさせ、仕事・会社・仲間に対し愛情を持つということに気づいてもらうか、ということを自社において考える機会となりました。

　サポートセンターのビルにおいては、日本と変わらない雰囲気で日本にいるような錯覚を持ちました。ベトナムセントラルの内容を説明していただき、今後の展開なども説明いただきました。その中で弊社の事業に近い、電化製品などの配送サービスの話などもあり、ベトナムの宅配事情が垣間見えました。話を伺う中で、都市部と農村部でのサービスにおいては、まだまだ差が大きいのではないかと思いました。冷蔵庫の普及率が低いとの話があったり、オンラインでの販売が売上で15%上昇していたり、昭和と平成の時代が並行して進んでいるベトナムが、今後どのような発展を遂げていくか興味と脅威を感じました。世の中に必要なモノの優れた方法を選択し、取り込めていける優位さをもって発展をし続ければ、ものすごい速さで成長を遂げ、東南アジアでも１、２位を争う経済国になると思います。

　若い人材が多いことも発展を急速に進ませる要素に違いなく、セントラルグループがどのような戦略を用いるのか、しっ

かり動向を見ていこうと思います。

■メイトウベトナム物流センター視察

　3日目の午後にメイトウベトナムの物流センターを2か所訪問いたしました。国営企業との合弁会社設立を機に今年で5年目を迎えるとのことでした。こちらでは最新の冷凍倉庫の中も見学させていただきました。

　コールドチェーンに関してはまったく知識がありませんが、ベトナムにおいても日本と同じ最先端のやり方で運用されているのだと実感いたしました。

　社会主義国家としてまだまだ政治が不安定な所で、いきなり政策が変わるという話や、法律が曖昧といった話、設立に関し非常にご苦労されたことなど、海外で仕事をすることの大変さを教えていただきました。

　ほかにも民族性の部分でご苦労されていることや、日本ではあまり考えられない、想像できないことなど、貴重な話を伺えました。いずれ日本、弊社においても外国人労働者を必然として受け入れないといけない状況となるのは、時間の問題ですので、お伺いした話を参考に今後の方針を考えていきたいと思います。

　強く感じたのは、日本人は非常に勤勉で真面目な民族だということです。メイトウの方も「ベトナ

ム人は真面目だというが、それは東南アジアにおいての話です」と仰っていたのを聞いて、特にこのことに関しては、強く気づかされました。

　今後、ベトナム人の方の所得が向上していくと、コールドチェーンを含めた、食料品の流通経路が変わっていくはずなので、現在の市場をどう保護していくか、と非常に気になることを仰っていました。食生活の変化がどんどん進めば安全・安心な食品が求められるはずなので、市場が淘汰されるのは時間の問題ではないかと思います。ベトナムにおいて、弊社の大物配送サービスも、いずれ必要な時代が来るはずなので、ベトナムだけではなく先進国も含め、しっかりアンテナを張って情報収集を怠らないようにしていきます。

■最後に

　非常に刺激的で身になった視察研修でした。刺激が強すぎたのか、日本に帰ってしばらく何も手につかない日がありました。それだけベトナムには、日本にはない活気と空気感があったのだと実感しています。

　ベトナムの国が持っている活気は、今後の発展に対する期待感を大いに膨らませることは間違いなく、今後も動向はしっかり見ていきたいです。

ベトナムでの小売業投資余地は多大

ロジザード株式会社

グェン・ティ・フン・ユイン

　今回のベトナム物流視察では、商品を販売する百貨店から保管倉庫までの一貫した商品流通の流れを見学することができました。それに、街並み観察を踏まえて潜在的な投資余地が大であると改めて感じました。インフラが未整備であり、経済法令もあいまいなのが発展途上国の特徴ですが、うまく投資機会を見極めて開拓するには、今が良いタイミングではないかと考えています。

　未開拓分野は様々ですが、小売業界の分析に焦点を当てますと、世界経済の流れから外れず、ベトナムの小売業界にも多少変化が生じています。一見すると、確かに購入者の消費行動がトラディショナルトレードからモダーントレードにシフトしているようですが、百貨店、総合スーパー、コンビニエンスストアの経営状況を観察しますと、まだ開拓の余地があるとわかります。

　5年前、小売業はまだ人口全体の1割の富裕層とベトナム在留外国人を顧客ターゲットにしていました。ベトナム小売業に参入した草分け的な百貨店は、マレーシアの Parkson、韓国の Diamond プラザ、Lotte と Vin Group の Vincom など、数少なかったです。

　地元の人には、百貨店は買い物をするところではなく、写真撮影場所のイメージでした。当時、全体的に生活水準が

低かったせいか、すべての外資系百貨店の共通ターゲットは富裕層であり、取扱商品が世界的高級品ブランドだけでした。さらに、後から出た民間企業のVin Group の Vincom

AEON モール

デパートも同じく富裕層向けのデパートで、むしろその前にあった百貨店よりずっと豪華でした。年中暑いホーチミンでは涼しくて写真撮影場所には最適でした。そして富裕層を除く残り9割の消費市場は見逃されていました。

今は、生活水準が上がるとともに、2大都市ハノイとホーチミンの町を見ると百貨店の数が多少増えました。日本のAEON デパートとハイブランド扱いの高島屋が順次参入してきました。親日ベトナム消費者は大歓迎でした。しかも、中流層の消費者の収入でも頑張って買い物できそうなブランドも揃っていたため、購入者の消費行動に多少の変化を与えました。出店場所はハノイとホーチミンですが、中流層の住宅街までに広がっていることによって、地元の生活に少しずつ浸透していると言えます。

ただし、AEON や高島屋百貨店が望んでいる売上ではないと思います。顧客ターゲットを調整し、購入消費者の百貨店へのイメージをある程度変えたものの、オープニング

第9回

当時より買い物をする
消費者が著しく減って
います。今回視察した
Vincom と AEON モー
ルでも、ほとんど購入
者がフードコート、娯
楽エリアに集まってい
ます。消費者の需要と

Vinmart　スーパーの果物売り場

マッチしていないからではないかと考えています。取扱商品
のジャンルが少なくて輸入品ばかりであることがネックで
しょう。日本のデパートを見ると、ルミネや丸井では Louis
Vuitton や Dior のブランドもあれば、日本製の手頃なブラ
ンドや100円均一ショップ、ダイソーもあります。多様なジャ
ンルの品揃えで顧客を招く方法をとっています。

　　ベトナムの小売業の業績を上げるには、効率的に市場調査
を行い、中流層・セミ中流層などは別のデパートを設置し、
小まめに顧客ターゲットの収入と販売価格のバランスを考慮
することが必要ではないかと思います。輸入品を主力の商品
として扱うのは難しいでしょう。そのため、ベトナムの生活
水準に相応しい百貨店が必要となります。一方、町を回ると、
ばらばらでパパママの店がたくさん並んでいます。モダーン
トレードにシフトしているものの、多くはまだトラディショ
ナルトレードが主力となっています。国産で値段が手頃だか
らです。最近はデパートも生活に浸透しているため、これら
のパパママショップをモールに集めることで5年前に見逃さ

れた 9 割の消費市場を開拓できるかと思います。

　一方、デパート業態での問題は、昔からベトナム人の生活に溶け込んでいる BigC コーポレート（総合スーパーマーケット）と進出後者である Vinmart がうまく解決しました。徹底的に消費者の需要を調査・分析し、顧客ターゲットの収入とバランスをとった商品販売価格を調整し、品物ジャンルも幅広いです。

　Big C コーポレートは外資系であるものの、品物はほとんど国産なので、価格を激安に抑えることができて、地元の消費者愛用のブランドという位置づけとなりました。今回冷凍倉庫とサポートセンターを見学して、厳密な品質管理とアクティブで豊かな従業員の様子から今の BigC コーポレートの成功の秘訣が分りました。

　Vinmart スーパーでも順調な経営状況が見えました。これから、ベトナムの最大手企業として消費市場をだれより把握しているという強みを利用し、質が高い成長を生み出して社会貢献ができたらいいと思います。

　当社は B to B・B to C における在庫管理システムのプロバイダーですが、今回の経験を当社のベトナム進出事業に活かしたいと思います。ベトナムでの小売業のトレンド変化をとらえて、効率的な展開企画につなげられればいいと考えています。

❖❖❖ *Omi's Eye* ❖❖❖

中国を抜いて1位に躍り出たベトナム技能実習生数

ベトナム人材養成派遣事情とマイリン国際投資有限会社

　近年、ベトナムと日本の経済的関係は、あらゆる分野において強く深くなっている。ベトナムでは1人当たりのGDPが全国平均では約2,300ドルだが、ホーチミン5,000ドル、ハノイ4,000ドルと2大都市の消費市場が突出していて、両市の庶民の懐は意外に深く、消費意欲は旺盛だ。特に国家の税収に影響しない左手の収入と言われる副業が盛んで、個人消費も好調に推移している。

　ベトナムにとって日本は先進的な経済パートナーであるだけではなく、最大のODA（政府開発援助）支援国でもあり、今日、両国の関係は極めて良好となっている。

　今、ベトナムの若者たちの間で最も人気のある就業先の1つとして、日本が注目されている。実際、多くの日本企業が国内の労働人口の減少に伴い近年ベトナム人の採用を加速し始めている。そういった労働者需要に応え、労働者の権利を守り海外市場との懸け橋となるために、いくつもの人材養成派遣企業が現れている中で、マイリン国際投資有限会社は2009年ハノイに設立された。

　マイリン国際投資有限会社傘下のマイリン人材養成派遣センターは、指導者やスタッフなど、従業員60人を擁し、多くの労働者の海外派遣に実績を上げている。主な派遣先は日本、台湾、シンガポールなどだが、中でも日本へは既に1,780人以上の実績を残している。ベトナム国内63郡県中に50か所の

事務所を展開し、短期間での求人募集にも対応している。また、日本語教育だけではなく、技能訓練、生活指導、職場ルール

などを事前教育として実施し、東京、大阪の駐在員が日本企業での突発のトラブルにも対応できるようにしている。

　なお、ベトナムの海外派遣労働者・技能実習生数は2016年12万人を超え、上位の派遣先は台湾、日本、韓国となっている。特に日本への派遣は4万人を超え、前年比47％upと激増している。現在日本にいる在留外国人は既に127万人を超え、その内ベトナム人は約29万人で中国、韓国に次いで第3位に浮上している。中でも技能実習生は2018年6月現在13万4,139人と中国を抜いて第1位である。物流現場での業務の担い手として貴重な戦力になりつつある。一方で不法残留者も韓国、中国に次ぐワースト3位で、急増し問題となっている。ベトナムでは派遣サービス会社による派遣労働者からの仲介料徴収を認めており、派遣実習生の中には、日本の受入先の収入や待遇面でのギャップから無断で受入企業を離れるケースも出

てきている。派遣技能実習生が安心して働ける環境を早急に整えることが重要である。

（2018年11月訪問）

第10回

ロサンゼルス・ラスベガス視察

訪問先

ロサンゼルス／オンタリオ／ラスベガス

日　程：2019年2月18日〜24日

❶ロサンゼルス
・ウェストファールドセンチュリー
　シティショッピングセンター
・ゲルソンズ
・ホールフーズ・グローサラント仕様店舗
・在ロサンゼルス日本国総領事館
・ＪＥＴＲＯロサンゼルス事務所
・ベストバイ物流センター

・アキホーム
・アマゾン施設 (LAX5/DAL7/LBG3)
❷オンタリオ
・オンタリオ・トラック・ステーション
❸ラスベガス
・Rakuten SUPER LOGISTICS
・Zappos 社

日次	月日(曜日)	視察経路	訪問地	摘　要
1	2月18日 (月)	成田空港　発		成田空港集合 アメリカン航空にてロサンゼルスへ 　(飛行予定時間：10時間20分)
		ロサンゼルス　着	①ロサンゼルス	◇ウェストファールドセンチュリーシティ 　　　　　　　　　ショッピングセンター訪問 　・イータリー　・アマゾンブックス　・テスラーショールーム ◆ゲルソンズ(店舗スタッフとのQ&A) ◇ホールフーズ・グローサラント仕様店舗視察 【ロサンゼルス泊：ミヤコホテル ロサンゼルス】
2	2月19日 (火)	ロサンゼルス　滞在	①ロサンゼルス	**◆在ロサンゼルス日本国総領事館　表敬訪問** ◆JETROロサンゼルス事務所 ◆ベストバイ物流センター視察 ◇プロムナード・アット・ダウニーショッピングセンター訪問 　・ウォルマート　・TJマックス　・ULTA ◆アキホーム(店舗スタッフとのQ&A)視察 【ロサンゼルス泊：ミヤコホテル ロサンゼルス】
3	2月20日 (水)		①ロサンゼルス	◆アマゾン物流施設(LAX5)視察 ◆アマゾン物流施設(DAL7)視察 ◆アマゾン物流施設(LBG3)視察
		ロサンゼルス　発	②オンタリオ	◆オンタリオ・トラック・ステーション視察 　※長距離運送のコンボイトレーラーのサービスステーション
		オンタリオ　発 ラスベガス　着		専用車にてラスベガスへ移動 【ラスベガス泊：TI トレジャーアイランド ラスベガス】
4	2月21日 (木)	ラスベガス　滞在	③ラスベガス	◆Rakuten SUPER LOGISTICS 視察 ◇ダウンタウンサマリン SC 　・トレーダージョーズ ◆Zappos 社訪問 【ラスベガス泊：TI トレジャーアイランド ラスベガス】
5	2月22日 (金)	ラスベガス　滞在		終日、自由行動 　※希望者はオプショナルツアーに参加 ●グランドキャニオン観光 ●アウトレットショッピングなど 【ラスベガス泊：TI トレジャーアイランド ラスベガス】
6	2月23日 (土)	ラスベガス　発 ロサンゼルス　着 ロサンゼルス　発		アメリカン航空にてロサンゼルスを経由し帰国の途へ 到着後、乗換 成田空港へ　(飛行予定時間：11時間55分) (機内　泊)
7	2月24日 (日)	成田空港　着		

見学場所：◇視察(自由視察)、◆視察(アポイント有)　○下車観光、●車窓観光

AZ-COM 第 10 回米国最新流通・物流視察会に参加して

株式会社新潟食品運輸

八幡　崇之

■はじめに

米国研修は今回で4回目でしたが、過去3回はスーパーマーケットについての研修だったため、初めて物流の視察を体験できるということでとても楽しみにしており、想像した以上に充実した内容で大変勉強になりました。

■アマゾン物流センター（3拠点）

ある程度、自分自身イメージしたものもありましたが、実際にセンター内を視察するとイメージ以上のものが自分の目に映り、感動しました。やはり文化の違いはありますが、従業員に対する業務前のミーティングの内容は、ユーモアがあり、モチベーションアップにつながっていると感じました。我社も朝礼は毎回行っていますが、決まりきった堅苦しいものとなっているのが現状です。アメリカンスタイルまでとはいきませんが、メリハリをつけ、ときにはフランクさも取り入れることも必要なのかなと感じさせられました。現場物流では、オートメーション化されたシステムで運用している状況で、スピード化が進む中では必然的な運用であることを改めて感じました。この先、顧客満足度を上げていく中で、アマゾンがどのように進化していくのかが楽しみであります。次に配送については、どのように行われているのか興味を

持っていました。自分の中では日本同様とのイメージを持っていましたが、センター内に乗用車が入庫し配送する、その手段が Uber であることに驚きました。集中センターで配送エリアコース、時間を設定し、配送車両を集める仕組みとなっていて、実際その現場を見ると次から次へと様々な車両が入ってきて、またいろいろな人たちが車両から降りてきて、商品を取り扱う光景にも驚きを感じました。このシステムを現状日本での乗務員不足と比較すると、非常に羨ましいと感じるとともに、自社も含め各物流業者の課題である人材確保の解決策を考えていかなければならない、と改めて痛感しました。

　今まではそれほどアマゾンには関心がなく、また利用したこともありませんでした。今回アマゾン物流センターを視察できたことで、アマゾンという企業を学ぶことができ、また自分の目で見て体感できたことを我社のために役立てる行動をしていきたい、と強く思いました。

■オンタリオ・トラック・ステーション

　ロサンゼルスからラスベガスへの移動の際に立ち寄りバスから降りたときに、以前の研修でも立ち寄った場所だと思い出しなんとなく懐かしい気持ちになりました。ステーション内の雰囲気もなかなか良く、駐車している長距離コンボイトレーラーも多いと感じました。アメリカについても日本同様、近年規制が厳しくなっているということで、長距離乗務員不足にもなっていくのだろうと思いました。

■研修全体について

　今回の米国最新流通・物流視察会は、とても新鮮な気持ちで有意義な時間を過ごすことができ、また一日一日の時間がとても早く過ぎていきました。普段の日常生活では時間を調整し、持て余し、日々を過ごしている自分の姿が思い浮かびました。それだけ今回は興味を持ち、学びと気づきということが楽しいと感じられ充実した時間を過ごすことができたと思います。

　スーパーマーケットのゲルソンズでは、他社と差別化するコンセプトを店内に感じることができ、顧客満足度を重視する、清潔感や照明の明るさ、商品ロケーション、イートインサービスなど、サービスの向上に力を入れていることがわかりました。家電量販店ベストバイ、楽天スーパーロジスティ

クスの物流センターで想像以上にロボット化が進んでいて、EC市場を考えれば、近い将来完全自動化になることも時間の問題であると思いました。各現場を見て、大型家電の在庫ロケーションに驚き、商品の形、大きさに応じてロスが発生しないよう自動梱包を行う姿にも驚きました。Zappos社の訪問では、すべてにおいて考えさせられ感慨深いものがありました。『Zapposの奇跡』と呼ばれるだけあり、従業員や顧客に対してES向上の取り組みが確立されており、その雰囲気をオフィス、見学ツアーから感じることができました。

それは文化の違い「アメリカンスタイル」だからではなく、企業としての価値や責任を果たすための手段であり、すべてを満足することは難しいですが、そこを目指す姿勢というのは、世界共通だと思います。

ロサンゼルス領事館、ジェトロによる講義では、アメリカの状況、活動内容を聞き、自分自身、未知の部分がかなりあり、とても刺激的で、このことを機に日本以外の各国を知りたいという気持ちになりました。

■最後に

この研修では、異国の地アメリカで「気づきと学び」「感動と驚き」をたくさん感じることができました。そのことを自分自身だけではなく、支えてくれる人たちと共有し、これからの人生に役立てるために行動していかなければならないと強く思いました。いいタイミングで参加でき、これからさらに自己啓発し何事にもチャレンジしていきます。

第10回

物流システムメーカーから見た
今回の最新流通・物流視察会

トーヨーカネツ株式会社

八木　宣明

■はじめに

　今回の視察レポートは「トーヨーカネツソリューションズ」という物流システムメーカーの立場から発表させていただく。なお、アマゾンのセンター内部は写真撮影不可のため、外観だけの写真を添付する。

■アマゾン施設（LAX5）

　このセンターは大きく分けて3種類ある物流センターの内の「ソートセンター（デポ）」である。

　まず、セキュリティーゲートをくぐり倉庫内に入ると「ベルトコンベア」を主体とする設備が目に入る。

　ここが日本の数ある物流センターとの違いである。日本の物流センターでは商品を大切に扱う必要があり、コンベア上で商品同士がぶつからないような制御を行うために「ローラコンベア」を多用する。アメリカでは箱の角がつぶれようがお構いなしで、多種多様な商品（ケースから袋物まで）が運べるように「ベルトコンベア」で構成されている。

　入荷された商品は4方面に大仕分けされるのだが、機械化されておらず人手にて仕分けている。この作業が圧巻。作業者の仕分け能力はなんと3,500個／時間とのこと。この数値は高速ソーターに匹敵する。これが6ステーションあるので

物流センターには見えない外観　　　玄関ロビーの開設 1 周年記念の寄書き

合計で 21,000 個／時間の処理ができることになる。この数値は機械でも難儀なことである（ただし、商品の荷扱いはとても雑）。

　大仕分けされた商品は、ＨＨＴを使って検品及び仕分けをされている。この部分も人海戦術であり、人手不足で困っている日本と違い、アメリカの人材の豊富さが垣間見えた。

　また、最近の物流センターや倉庫に多く使用され、低速度で回転し室内の空気を循環させることで体感温度が低くなるようなファンが取り付けられており、作業環境の向上も図られていた。

■アマゾン施設（DAL7）

　このセンターは 3 種類のうちの「デリバリーステーション」である。Amazon Flex に登録した一般車両が並んで載せ込みの順番を待っていた。自家用車に積めるだけ積んで配送をするイメージ。配送ドライバーが不足している日本において、この考えを導入することはメリットが高いと思われる。早急に規制緩和が望まれる。内部設備は稼働していなかったのが残念だったが、基本的にはベルトコンベアが使われており、自動化比率は低いと思われた。

■アマゾン施設（LBG3）

　いよいよ一番見たかった「フルフィルメントセンター」である。このセンターは稼働して10か月の新しいセンターであり、目玉は「KIVA SYSTEM」であろう。アマゾンが2012年に企業買収して導入した自走式ロボットである。従来は人間が商品の置かれている棚まで歩いて行き、そこでピッキングをする方式であったが、最近は商品が人間のところに運ばれてきて、ピッキングされたのちに保管場所に戻るというGTP（Goods To Person）という考え方が主流である。歩行に時間がかからないために生産性が高いというのが特徴で「KIVA SYSTEM」はそのひとつの手法である。

　このシステムの欠点と言われる上空のデッドスペースは、全体を4層にして、それぞれの階層にロボットを走らせるということで解決している。建築法・消防法の厳しい日本ではなかなかこのような形をつくることができない。5,000台以上のロボットが走り回っており、人手でのピッキングの4倍の生産性を発揮しているとのこと。今までで最高の処理量は100,000個の入庫・出庫／日であり、これがこのセンターの稼働率100％だが、現在は稼働率40〜50％で運用している。

　コンベア関係は、弊社と提携している「DEMATIC社」のものが採用されており、ほかに方面別ソーター、小物仕分け用ソーター、スパイラルコンベア、オリコン積み付け用ロボットなどが導入されていて、かなりのシステム化・自動化が進んだセンターであった。

■オンタリオ・トラックステーション

　一言でいえば「道の駅」のトラックバージョン。アメリカ・カナダで約 260 か所のステーションがある。ここのターミナルでは利用者の 80% がイーストコーストからのドライバーである。このステーションに留めることで配送先到着時間の調整の役割があるとのことだった。

　このステーションで 20 ドル以上使えば使用料は無料になり、ただ留まるだけでは 20 ドル / 日の料金がかかる仕組み。ただし、店の売上よりガソリンの売上がメインとなっている。このステーションの利用トラック台数は 3 ～ 5% の伸びであり、売上も同じように伸びている。

　トラックに特化したステーションは日本にはないのではないか。同じような業態があっても不思議ではないが、広大に土地が必要となり、その点で難しいと思われる。

■最後に

　今回の主目的は、アマゾンのアメリカと日本のセンターの違いを知ることだった。アメリカと日本で共通している部分は多々あったが、建物の規制という観点から見ると日本のセンターはかなりの制約があり、システム設計をする上で苦労する所が多いと再認識した。

第10回

プロムナード・アットダウニーの
Walmart

ダウンタウンの WHOLE FOODS

機械が造り、人が創る

松下運輸株式会社

松下　龍平

■はじめに

　私としては初めての海外視察だったのですが、密度が濃く、緊張感があり、かつ最先端の手法をこの目で見ることができる、大変貴重な体験をさせていただけたと感じております。

　今回は、ロサンゼルスとラスベガスにて数多くの企業を訪問いたしましたが、ベストバイ、アキホームについて、そして視察全体を通しての3つの観点から報告をさせていただきます。

■ベストバイ

　世界で約1,200店舗、そして13万人以上の従業員を抱えた、全米最大手の家電量販チェーンですが、現在業績は思わしくない状態にあります。この背景にはインターネット誕生後に変化し続けてきた消費者の行動・小売市場の変化が存在。

　しかし、全米2位のラジオシャックをはじめ、その他家電量販チェーンが閉店に追い込まれたことで需要が一極集中し、スタッフも経験者の即戦力が集うことにより、店舗とECの両面からの感動を追求。

◆視察した物流センター

　こちらのセンターでは、大物と小物でセクションが分かれており、そのどちらも日本との違いがハッキリと見て取れま

した。

　まず、大物家電の縦積み。

　大型の冷蔵庫・テレビ・洗濯機など、メーカーが包装時に上下四隅と側面二箇所を補強しており、縦に積むものとして設計されていることに驚きました。これによりパレットが不要となり、フォークリフトも持ち上げるタイプではなく、挟み込むタイプを使用しています。スペースの活用という観点において、地震対策などの課題はあるものの、日本でも実現できれば非常に有効な手法と感じました。

　そして特筆すべきは、機械化による小物のオートメーションピックアップとパッキング。

　MAX7.2万アイテム／日を処理する能力があり、これをPC1台・スタッフ1人でオペレーション。さらにピックアップされて流れてきたアイテムのサイズに応じて、段ボールを適切なサイズにカットし、ほぼ隙間なく行われる自動梱包が、大変印象的でした。これまで機械化におけるデメリットは、柔軟性を損なう（お客様の都合に合わせるのではなく、機械のできることに合わせていただく必要がある）と考えておりましたが、機械化による効率追求という点において、"何を目的とし、どう機械化するのか"の視点が、導入の上で非常に重要であると知ることができました。

第
10
回

■アキホーム

　日本のホームファッションNo.1企業、ニトリホールディングスのアメリカでの店舗ブランド。

　同地での家具と言えばIKEAがポピュラーですが、"期待

187

を超える”をモットーに、「利便性」「製品」「価格」「サービス」という4つの柱を主軸にした理念の下、2013年より運営されています。しかしながらアメリカでの業績は思わしくなく、展開において課題が存在します。

◆視察した店舗

　日本のニトリとはまったく違う外装・内装に目を奪われました。

　店内に入ると右手に家具類、左手に小物類、中央に相似的なアイテムでドッキングという売り場配置となっており、マグネット売り場が明確化されておりました。こちらの店舗では、ユーザーのニーズに応えるよう、常に商品の見直し・売り場の変化・スペシャルオーダーへの対応など、非常に地域密着・ユーザー志向の運営が行われており、これにより回遊

性・定着率が高まっていると感じました。

　また、大物家具の発送については在庫発送式で、3 日以内の到着で 88 ドル、翌日配送ではプラス 10 ドル。

　組み立てに関しては、ユーザーが "どこまでお願いするか" を決められる「ホワイトグローブサービス」があるとのことです。さらに、商品選択から設置方法まで、店舗スタッフがカウンセラー・コーディネーターとして活躍することで、顧客満足度が高まっていることが大変印象的でした。

■視察全体を通して

　リアルとデジタルの融和する時代の変革期において、双方からのアプローチが大変重要視されていると認識いたしました。デジタルからのアプローチは "利便性・効率性・コスト削減" の追求を、リアルからは "人にしか発現できない感動" を求める姿が、今も心に残っております。

　また、視察全体を通して、

　"アメリカの企業で働く人々は普く HAPPY である"

　"スタッフの幸福度と、お客様の感動は比例する"

　こうした考え方は日本でも存在してはおりますが、その実現度の違いにも驚きました。

　物流・流通だけではなく、こうした人を巻き込んだ環境にも触れられたことは、大変勉強になりました。

第
10
回

Omi's Eye

アマゾン傘下の好感度No.1オンラインリテイラー Zappos社

　1999年サンフランシスコでオンラインによるシューズをメインとしたアパレル関連商品の販売会社として創業し、現在は1,000社以上の商品を展開している。創業者トニー・シェイ氏はそれまでなかったオンラインによるシューズ販売を画期的なサービスで成功させた。たとえば、①送料・返品無料、②購入から1年以内であれば返品は何度でも可能、③24時間・365日対応のカスタマーサービス、④翌日配送など。マニュアルなしの100%スタッフの裁量による好感度なカスタマーサービスにより多くの逸話を生み出し、「ザッポスの奇跡」と呼ばれた。アマゾンのジェフ・ベゾスCEOがどうしてもと望み、2009年約9億ドルでアマゾン傘下入りしたが、現在も独自の企業文化による経営を貫いている。顧客の75%以上がリピーターで、新規顧客の43%が口コミによる購入と言われ、フォーチュン誌の「最も働きがいのある企業」に複数回ランクインしている。

　ザッポスは「スタッフを満足させることのできない企業はお客様も満足させられない」という考えのもと、従業員満足度のアップにも全力を注いでいる。入社希望は極めて多く、採用までのステップや期間も長い。実際に入社面接から採用まで84日間かけ、しっ

かりと選考し、採用後は1か月間全員がカスタマーセンターで顧客から受注業務やクレームの対応をすることが決まっている。しかも必ず社長のトニーが最終面接し、一緒に仕事をしたいと感じる人が採用されると

いう。ともに末永く仕事をするために大切なことは、企業文化や理念が共有できる人でなければならないと考える。

　ネットの「靴の販売」が9年間で1,000億円を超えたザッポスが、最も大切にしていることは「顧客サポート」と断言する。新入社員は必ず顧客サポートから入り、繁忙期は全社員で顧客サポートを行う。社長のトニーもこの時期にはサポートを行うが、セールについての質問に、顧客から「あなたはよくわかっていない、ほかの担当者に代わって」と言われたというエピソードも紹介されるほど、顧客サポートの重要性を強調する。

　ザッポスは、2013年本社をラスベガスに移転し、2015年から「ホラクラシー」という手法の組織運営を導入している。これは、従来の階層型ではないフラット型の組織経営である。アマゾンが買収後もザッポスの独自経営を認めたことで、2018年には売上高が3,000億円を超え、より自由な体制で挑戦と革新に成功している。90分のザッポス本社オフィスツアーでは、ガイド役の社員も「アマゾンは当社を買収して喜んでいるし、我々に学んでもいる」と誇らしげだった。

（2019年2月訪問）

第11回
中国視察Aコース
訪問先
重慶／上海
日　程：2019年9月5日〜9日

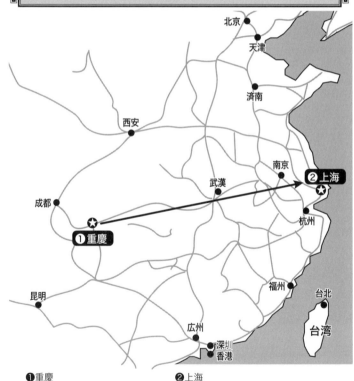

❶重慶
・在重慶日本国総領事館
・アジア太平洋小売業者大会

❷上海
・盒馬鮮生
　（アリババ傘下の食品スーパーチェーン）
・大潤発　　・便利蜂　　・アルディ
・ＪＤ.com 物流センター
・上海云拿智能科技会社 (CLOUD PICK 社)

日次	月日(曜日)	視察経路	訪問地	摘　要
1	9月5日 (木)	成田空港　発 上海(浦東)着 重慶　着		成田空港集合 中国国際航空にて上海を経由し重慶へ 　　　　（飛行予定時間：6時間25分） 入国手続き後、乗換 　　　　　　　　　　　　　　　＜重慶 泊＞
2	9月6日 (金)	重慶　滞在	①重慶	**◆在重慶日本国総領事館　表敬訪問** ◆アジア太平洋小売業者大会 　　　　　　　セミナー聴講、展示会見学 ◇九街商業街視察 ◆日本小売業協会主催　歓迎懇親パーティーへ参加 　　　　　　　　　　　　　　　＜重慶 泊＞
3	9月7日 (土)	重慶　滞在	①重慶	◆アジア太平洋小売業者大会 　　　　　　　セミナー聴講、展示会見学 ※丸和運輸機関 代表取締役社長　和佐見 勝氏 講演 (テーマ) 小売業の成長戦略を支えるロジスティック経営支援 ○重慶動物園パンダ館 ○洪崖洞 ◆アジア太平洋小売業者大会 　　　　　　　ガラディナー&閉会式へ参加 　　　　　　　　　　　　　　　＜重慶 泊＞
4	9月8日 (日)	重慶　発 上海(虹橋)着	②上海	中国国際航空にて上海（虹橋）へ 　　　　（飛行予定時間：2時間30分） 上海流通店舗　視察 ◇盒馬鮮生（アリババ傘下の食品スーパーチェーン） ◇大潤発（ハイパーマーケット） ◇便利蜂（コンビニエンスストア） ◇アルディ（ドイツ・ディスカウントスーパー） 　　　　　　　　　　　　　　　＜上海泊＞
5	9月9日 (月)	上海(浦東)発 成田空港　着	②上海	◆ＪＤ.com 物流センター　視察 ◆上海云拿智能科技会社（CLOUD PICK 社）訪問 　　＊小売業の AI 取組事情のレクチャー 中国国際航空にて成田空港へ

見学場所：◇視察（自由視察）、◆視察（アポイント有）　○下車観光、●車窓観光

193

人口大国中国の物流・小売の現在

株式会社マルコ物流

橋本　陸

■盒馬鮮生（フーマー・フレッシュ）店舗視察

　フーマー・フレッシュとは、アリババが手がける新しい形の食品スーパーマーケットです。店舗内は日本の高級スーパーのような雰囲気で、野菜や肉などの生鮮食品はひとつずつ個別包装をされています。これは日本では当たり前のように思えますが、中国の既存のスーパーでは直接触れ、匂いを嗅ぐことで鮮度を確かめるというのが慣習で、この個別包装は非常に新しい試みと言えます。

　また、現在中国では現金離れが大変進んでおり、決済全体のキャッシュレス比率は約93％となっています。しかし、クレジットカードなどを使った決済ではなくほとんどが、アリペイやウィーチャットペイでの決済でした。このフーマーもアリババが手がけるスーパーということもあり、入口には7台のセルフレジが設置されており、老若男女問わず困惑することもなくセルフレジを使っていました。

　次に、ブランド名にもあるように生鮮食品が非常にフレッシュだということです。野菜や肉だけではなく、鮮魚には非常に力を入れていました。売り場の中心には幾つも

の水槽が置かれており、生きた海老や蟹、アワビなど様々な種類の魚介が並べられていました。この鮮魚は買って帰るだけではなく、店舗内にはイートインが設けられており、店舗で買った商品をその場で好みの味に焼き上げてもらえるサービスがありました。

　最後にこのフーマーの最大の特徴であるオムニチャネルとしての機能です。同店の売上の約6割はオンライン注文によるもので、日本においても店舗を主としてオンライン注文ができ、成功している企業はいくつもあります。しかし、スーパーでのオムニチャネルはオムニ7やイオンのように非常に苦戦をしています。これは、配送料や生鮮食品の鮮度などの問題があるからです。同店はこの問題を解決し、平均日販80万元（約1,360万円）という驚くべき数字を出しています。配送は店舗から半径3キロ圏内のみをバイクで30分以内配送としており、1日1回までは無料配送。中国の家庭はほとんどが共働きであり、オンラインでの生鮮食品配送は非常に

重宝をされているとのことでした。そのほかにも、SNS上でのクーポン配布など様々な取り組みを行っており、これからのさらなる店舗拡大も見込まれています。

■大潤発（ダイジュンパツ）店舗視察

大潤発とは、アリババと資本提携を結ぶサンアート・リテールグループのスーパーマーケットです。こちらも、フーマーと同じく生鮮食品に非常に力を入れおり、鮮魚水槽には多くの魚介が入れられていました。

フーマーと違う点は、店舗のランクが少し落ちるという点です。フーマーは日本の高級スーパーのような雰囲気があり、少量良品というようなコンセプトが感じられましたが、同店は庶民派スーパーのような雰囲気で、食品だけではなく日用品など幅広い品揃えがありました。しかし、フーマーよりも配送に関しては力を入れているようで、天井にはオンライン注文を受け店舗でピッキングされた商品を運ぶベルトコンベアが設置され、従業員の方々が売り場を走り回っている光景が目立ちました。店舗脇に設置された配送員出口からは配送用の発泡スチロールを抱えた配送員が続々とバイクに乗り配達に行く姿があり、その需要の多さが感じられました。また、同店は有人レジが複数設置されており、セルフレジよりも有人レジを使う人が多く見受けられました。

■まとめ

フーマー・フレッシュ、大潤発では、前述の通り最先端のイノベーションで小売業界に新しい可能性を見ることができ

ました。インターネットの普及により小売業は大きな転換期を迎えています。また、有人レジ廃止などの無人化に伴い、雇用にも大きな革新が生まれるのではないかと感じました。今まで、レジなどに割いていた人件費はお客様へのサービスへと還元できるようになります。AIなど新しいイノベーションの出現で、自らの仕事が奪われるのではないかという不安が日本ではよく聞かれますが、そういった新技術を使い今までできなかったサービスをどういった形でお客様に還元していくのか、そういった視点でこれからの未来を見ていかなければならないと考えるようになりました。

　次に、アジア太平洋小売業者大会に関しても非常にたくさんの気づきを得られました。和佐見理事長の講演の中で印象深かったのは、社員教育の大切さに関しての話です。少子高齢化が進む現在の日本において、人手不足は深刻な問題です。中でも、輸配送の分野に関しては非常に深刻化しています。人材の確保が困難な今日に、その少ない人材をどう有効活用していくか、今いる社員にどれだけ長く勤務してもらえるのか、これが非常に肝になってくるのではないかと思います。これはただ単純に自社存続のために必要なことではなく、お客様により長くより良いサービスを提供することにもつながると考えています。

中国　視察研修

株式会社 You ライフ

楊　晶晶

■アジア太平洋小売業者大会　重慶大会視察

　私は中国出身ですが、中国ではビジネスの経験はありません。私の日本での生活は 11 年になり、巷には made in China を中心とするアジア地域で生産された製品が溢れていることは当たり前のように思っておりましたので、渡航前に中国で学ぶべきことは何があるのだろうと期待をしておりました。

　日本を発つ機中で、この催事の成り立ちをパンフレットで見たときに、随分多くの国と地域から参加しているのだと思いました。実際に会場の重慶悦来国際会議場に行ってみると、製造業・小売業だけではなく様々な業種の企業が参画されており、規模の大きさと関連する業界がたくさんあるのだと思いました。そして私たちの物流業界の担う役割は小売業界に大きく関係していることに改めて気づきました。

　今回の視察で感じたことは、私どもが日々取り扱いさせていただいている商品は、需要と供給のバランスの中から生まれた価値ある商品であるということです。また、コンビニなどの無人化及び、無人化を実現するのに欠かせないキャッシュレスの決済方法には驚きました。少子化社会の日本にとっても、人手不足対策のひとつとして期待できると思います。EC の発展、またそのサプライチェーンの一部であるラストワンマイルの部分は、最終的な消費者であるお客様（受

取人）にお届けする大切な仕事なのだと思いました。そして、関係する企業はもちろんのこと、個人とも連携し情報の伝達をして、安心で確実な業務を行っていくことが大事なことだと思いました。

　フーマー鮮生の講演は聞いて驚きました。オンラインとオフラインをうまく使って、お客様との密着度を確保していました。ネット利用しているお客様に、わざと生鮮食品の割引券を配って、来てもらうようにします。来店のお客様にはジュースなどのネット利用時の割引券を配って、ネット注文が入るように努力しています。

　また「半径3km範囲以内なら30分内に無料でお届けします」というサービス。少量でも気軽に利用できます。帰宅中、電車内でアプリにより注文して、家に着いたところで受け取って、そのまま料

理の支度ができます。その便
利さは羨ましいかぎりです。

　そして、まだまだ私どもの
物流業界は伸びることに気が
つきました。今後においては
日々の業務を通して、皆のラ
イフスタイルを変えることに
貢献していきたいと考えてお
ります。

■在重慶日本国総領事館訪問・懇親会について

　今回の視察・研修で総領事館を訪問することができて良
かったです。私が2008年に留学生として北京領事館でビザ
を発給していただき渡航をしたときのことを思い出しました。
当時は厳粛なイメージが強かったのですが、今回の訪問で在
重慶日本国総領事の渡邊信之様に応対していただきました。
意見交換などではソフトな印象を受けました。また、領事館
の業務は多岐にわたり、日中間の大切な役割をされていらっ
しゃるのだと思いました。

　懇親会では、日系企業の方々とも話をさせていただく機会
があり、有意義に過ごすことができました。中国と日本の商
習慣の違いによるトラブルや、従業員の確保・定着率の向上
に向けた取り組みなどお聞きすることができました。やはり
お金だけではなく、従業員と日々コミュニケーションをとっ
て信頼関係を築いていくことが大事だと気づきました。

　私の会社も経営課題は山積していますが、利益は従業員に還元し、評価を公平にして働きやすい環境をつくっていくようにする予定です。

中国経済の成長

株式会社ヒラメキコーポレーション

髙橋　成江

■はじめに

中国は初めての訪問でしたので、新聞やテレビでの情報で勝手なイメージを作り上げての訪問でしたが、実際に訪れてみるとそこには新旧入り交じった世界がありました。また一帯一路構想により中国が世界の中心になることを実感したときには、自分の視野の狭さを痛感いたしました。

グローバル化が目まぐるしく進む今日の社会では、グローバル化によって国の垣根がなくなったことで情報が世界に広まる速度も速くなりました。世界はすさまじい速度で変化しています。その変化に対応するだけではなく、いかにグローバルな考え方、行動によってイノベーションを起こせるかが私自身の課題となりました。

■アジア太平洋小売業者大会視察

今年で19回目を迎えるアジア太平洋小売業者大会。2年ごとに場所を変えて開催されるそうですが、この度の重慶にて開催された大会は中華人民共和国成立70周年と重なり、中国小売業の歴史上記念すべき大会となりました。

中国改革開放の40年間で、中国小売業は対外開放における市場化の最も進んでいる分野として世界中から注目される成果をあげています。中国国内の社会消費の小売り総額は、2018年には40兆人民元（604,841,758,274,990円？？）とい

う途轍もない金額に達し、今後も輸入商品とサービスの規模はますます拡大することを見込んでいます。

　大会の中で中国商業連合会の姜明会長は、次のように述べていました。

- ・中国の GDP は本年 1 月から 6 月までの半年間を見ても 6.4％アップしており、2018 年に続き安定的な成長を見せるでしょう。
- ・小売業界がグレードアップすることで、メカニズムイノベーションからクオリティーそのものが高まります。それによって消費者に向けて素晴らしい商品を提供することができるのです。
- ・信頼性の高い経営、誠実であることが大事です。これからは誠実な経営を徹底的にやり、偽物を作りません。
- ・契約精神を大切にし、伝統文化、地域文化など文化を活かした業商を行います。
- ・今年で中国も成立 70 周年を迎えましたので、ゆとりある社会づくりを行っていきます。

　さて、今回の大会参加の大きな目的は「和佐見理事長のご講演」です。大会は 3 日間にわたって行われ、日本からは 6 名の方々が講演者として招かれ、その中で物流業界に関わっていたのは和佐見理事長ただお 1 人でした。テーマは「小売業の成長戦略を支えるロジスティクス経営支援」です。

　日頃から和佐見理事長のご講演を拝聴させていただいておりますが、いつも以上に「ご自身の思い」と「力」のこもったご講演に感動いたしました。そして小売業にとって物流が

なくてはならない存在であり、物流が小売業界を牽引していると言っても過言ではなく、日本の物流業界の発展はますます加速することを実感いたしました。

　講演以外にもブースの見学をさせていただきました。とにかく広い会場で、各小売業者が販路拡大に力を入れていました。日本のように派手なパフォーマンスはあまり見受けられませんでしたが、中国ならではの商品が並びとてもワクワクしました。

　今大会は中国政府と重慶市政府からも注目され、数多くの有名企業が参加しましたので、中国の小売業界への期待と希望が集結した素晴らしい大会となりました。最終日には閉会式にも参加させていただき、とても充実した時間を過ごさせていただきました。

■最後に

　急激に変化を続ける中国経済。13億人の消費者と直接かかわる小売業界は、リアル店舗とオンラインが入り乱れた新たなビジネスモデルの模索が激しさを増しており、スマホを使ったキャッシュレス決済や無人コンビニの拡大は日本でも話題になりました。

　アメリカとの貿易摩擦による影響が注目される中国経済ですが、巨大消費市場を巡って競争が激化していくことと思います。日本では訪日客の増加に伴い、電子決済などのキャッシュレス決済を導入する商業施設が増加し、個人商店までも電子決済ができるようになってきました。2020年オリンピックに向けてさらなる加速が予想されています。アリペイや

ウィーチャットペイなどの利用が急速に進む中国の現状と比べるとかなり後れをとっていると思いますが、日本は日本のペースで改革を進めていくことでしょう。

　そして、忘れてはいけないのがリアル店舗の重要性です。ついつい忙しさにかまけて何でもネットで購入しがちですが、スーパーや百貨店にはネットにはない買い物の楽しみがあります。商品を選ぶ楽しみ、買う楽しみ、そしておもてなしの心を感じられるのは、やはりリアル店舗ならではだと思います。

　今後の中国の変化以上に日本の小売業界がどのような変貌を遂げるのか、私たちの生活を支えてくださる小売業界、そして物流業界に今後とも着目していきたいと思います。

Omi's Eye

お客様を興奮させる迫力ならどこにも負けないスーパー

Bravo永輝超市上海店は今日も元気！

　今EC販売額、国別シェアともに世界ナンバーワンを独走する中国の都市部では、キャッシュレス化が急伸している。どこへ行っても、どの店に入ってもスマホ決済で、外国人が上海や北京を訪れても中国通貨"元"への両替が不要に思えるほどだ。だが実際には決済アプリ"アリペイ"が入っていないと食事もできない。初めて上海を訪れた日本人だけではなく、数年前に訪れた日本人でさえも、あまりの変化に唖然とする。特に、流通分野では、EC企業最大手アリババ傘下のフーマー鮮生やJD.com傘下のセブンフレッシュが急速に店舗網を拡大し、顧客の支持をわしづかみにしていると言っても過言ではない。

　一方、Bravoの店舗名で知られる永輝超市のように、迫力のある売り場展開でお客様を熱狂させる店はそう多くない。米国や欧州にも見られる、商品陳列の素晴らしい、いわゆる見せる店は数多くあるが、売ることに徹した強烈な迫力では、中国・上海でお客様を知り尽くし絶対的な支持を集めるBravo永輝超市に優るところはない。

　殺到する上海の主婦は、豚肉や牛肉でも野菜でも

果物でも、たくさんの中から見て触って匂いをかいで、おいしさを確かめて買う。『本当に信用できるのは自分自身だけ！』をまさに地でいく世界。永輝スーパー Bravo は福建省を皮切りに 1998 年開業

以来順調に業績を伸ばし、2015 年総店数は 400 店、売上は対前年比 26％アップの 492 億元（日本円で約 8,000 億円）。この年初めて競争激化の上海都市部に出店。超過熱した上海市場で、それも生鮮品を主力とするスーパーマーケットの進出は無謀といわれる中、上海の庶民も驚く生

鮮売り場の展開は驚きを超える。中国の有力スーパーのほとんどが本部を置く上海で、しかも強力な外資系スーパーも参戦している上海マーケット。日系企業には到底真似できない、食品衛生管理違反ぎりぎりの肉野菜果物の迫力展開。『新鮮だからできる』、これが中国人の生活スタ

イルに合った、中国人に好まれる売り場展開だ。当然のこととして、品質管理を最重要視する日系スーパーは多くの生鮮品をパック詰めし、安心安全をモットーに陳列展開するが、上海の消費者の心を掴むには時間が必要だ。

（2019年9月訪問）

第11回
中国視察Bコース
訪問先
上海／杭州／重慶
日　程：2019年9月4日〜8日

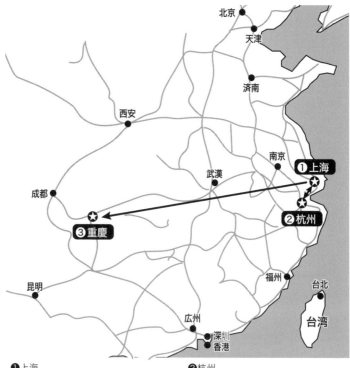

❶上海
・盒馬鮮生(アリババ傘下の食品スーパーチェーン)
・上海云拿智能科技社(CLOUD PICK社)
・在上海日本国総領事館

❷杭州
・親橙里ショッピングセンター
　　　(アリババ設立のショッピングセンター)
・アリババ本社

❸重慶
・アジア太平洋小売業者大会

日次	月日(曜日)	視察経路	訪問地	摘　要
1	9月4日 (水)	羽田空港　発 上海(浦東)着	 ①上海	羽田空港集合 中国東方航空にて、上海（浦東）へ 　　　　　（飛行予定時間：2時間50分） 上海流通店舗視察 ◇盒馬鮮生（アリババ傘下の食品スーパーチェーン） ◆上海云拿智能科技会社（CLOUD PICK社）訪問 　＊小売業のAI取組事情のレクチャー <上海泊>
2	9月5日 (木)	 上海　発 杭州　着 上海　着	 ①上海 ②杭州	◆在上海日本国総領事館　表敬訪問 専用車にて杭州へ（約185Km、約2時間30分） ◇親橙里ショッピングセンター視察 　　　　（アリババ設立のショッピングセンター） 　＊盒馬鮮生 ◆アリババ本社訪問 <上海泊>
3	9月6日 (金)	上海(浦東)発 重慶　着	 ③重慶	中国東方航空にて、重慶へ 　　　　　（飛行予定時間：2時間55分） ◆日本小売業協会主催　歓迎懇親パーティーへ参加 <重慶泊>
4	9月7日 (土)	重慶　滞在	③重慶	◆アジア太平洋小売業者大会 　　　　セミナー聴講、展示会見学 ※丸和運輸機関 代表取締役社長 和佐見 勝氏 講演 （テーマ）小売業の成長戦略を支えるロジスティック経営支援 ○重慶動物園パンダ館 ○洪崖洞 ◆アジア太平洋小売業者大会　ガラディナー&閉会式へ参加 <重慶泊>
5	9月8日 (日)	重慶　発 上海(浦東)着 上海(浦東)発 羽田空港　着		中国東方航空にて、上海を経由し帰国の途へ 　　　　　（飛行予定時間：5時間25分） 到着後、出国手続き 羽田空港へ

見学場所：◇視察（自由視察）、◆視察（アポイント有）　○下車観光、●車窓観光

第
11
回
B

中国文化に伴った最新流通と今後の課題

株式会社竜栄商事

佐藤　竜太

■超大国中国の現状

　私は中国への渡航は初めてでしたので、上海空港に着き最初に感じたのは、やはり人の多さに驚きを隠せなかったことです。入国手続きもかなりの行列で、セキュリティーも厳しく、両手指10本すべての指紋認証を受けました。移動バスに乗り目的地までの間周りを見渡すと、中国のイメージでは自転車に乗った人たちがたくさんいると思っていましたが、そのような光景はなく、今は電動バイクか、乗用車が主流で、その中でもシェアバイクが圧倒的に多かったです。

　主要道路では対向車線とは別に、道路右片側に中央線のない自転車・電動バイク用レーンが設けられており、日本では安全面を考えるとなかなか現実的ではないと思いました。また乗用車は、ベンツやBMW・アウディ・ポルシェなどの名だたる高級車ばかりで、やはり市民の中では低所得者と富裕層の差がはっきり分かれていると感じました。恐らく、日本で多くの人がイメージしている中国は、いまだ貧民街やその少し上くらいの階層の姿ではないでしょうか。ただ、実際のビジネスの世界では、成長が停滞する日本に対して、中国はものすごい勢いで成長を続けています。富裕層ばかりではなく一般市民も、シェアバイクやウェブ決済など、キャッシュレス化という時代の最先端技術の恩恵にあずかって生活をしているのが現状です。

■盒馬鮮生（フーマーションシェン）視察

　中国最大のEコマース企業アリババが手がける2015年に設立したばかりのOMO（オンライン・マージ・オフライン）スーパー。アリババの創業者ジャック・マーは、すさまじい伸び率で急成長したEC事業もいずれは頭打ちになることを予想して、今後事業を継続的に成長させるために、既存のECの枠組みを超えた「次の一手」として「新小売（ニューリテール）」を提唱しました。同社が培ってきたビッグデータと情報テクノロジーを活用したEC（オンライン）と実店舗（オフライン）を融合・実現することでできた、これまでにはない生鮮ECのスーパーマーケットです。

　では、生鮮ECを実現することによってどのようなメリットがあるのか。中国のスーパーの主流は、ハイパーマーケットと言われ、売り場面積も約7,000～20,000㎡で、衣食住関連の総合的な品揃えを行うディスカウント志向の大型店です。

　一方、フーマーが取り入れている、ハイパーマーケットとまったく異なる経営手法は、①食品に特化した品揃え、②グローサラウントの導入、③即時配達、④アプリによる決済といった4つの特徴です。実際フーマーの売り場面積は2,000～4,000㎡の中型店で、品物も食品が8割強を占め、うち3割は生鮮食品でした。特に驚いたのは大型水槽で生きた魚介類・タラバ蟹や

ロブスター・シャコなどを売っており、鮮度の良い食材が軒並み陳列されています。実際に自分の目で見て、触って、匂いを嗅いで確認しながら購入したい、という消費者の思いが、このような発想につながっていると感じました。

　その他のサービスでは、オフライン店舗（実店舗）を「在庫拠点」として、注文後、店舗から3km以内の地域に30分以内に配送を行っています。店舗の天井に敷設されたレールによって、買い物袋が運ばれていました。フーマーはECの在庫拠点がないので、実店舗そのものが物流倉庫機能を兼ねています。よってECの専用アプリからオンライン上で注文をすると、まずスーパーのスタッフが店頭から商品をピックアップし、専用の袋にピッキングを行いアイテムが揃った袋をベルトコンベア状のクレーンに載せて、配送スタッフに渡し、30分以内にバイクで配達する仕組みになっていました。

　フーマーで決済するには、専用アプリをダウンロードして、アリババのオンライン決済システムとバウンディングする仕組みになっていました。フーマーはもともと現金決済を拒否したことで話題になったそうです。後に、現金やカード決済のレジも導入したそうですが、基本的にはアプリによる決済になっていました。

中国ではスマホを利用したキャッシュレス決済が主流で、現金で支払っている光景は見ませんでした。

　今回フーマーを視察して特に感心したのは、中国文化による国民特有の需要と考え方、また配送手段がバイクを活用できる中国ならではのインフラがあったことなどで、渋滞にも対応し実現できたビジネスモデルではないかということです。安全・安心を最優先する日本では、低温食品など温度管理が必要不可欠な物に関しては、バイクのみで配達するのは現実的に厳しいですし、複数の消費者の分を同時に配達するには軽貨物や貨物トラックを活用しなければ実現できません。そして配送時間もかかり、コストも大幅にかかるのではないでしょうか。アリババのフーマー・フレッシュをはじめとするニューリテールがどこまで成長するか、また現在は富裕層をターゲットにした主要都市部が中心ですが、中規模都市や農村地帯までの進出も実現できるのか、今後の展開が非常に楽しみです。

■クラウドピック社（Cloud Pick）視察

　初日の午後、2 軒目にクラウドピック社を訪問させていただきました。設立は 2017 年 7 月。企業としてはまだ新しい会社ですが、従業員は 100 人以上、会社のスローガンは「買い物を簡単に」。企業内容は自社で開発した AI システム（認証技術）を企業側に提供していて、主にスーパーやコンビニエンスで活用しているとのことでした。

　実際クラウドピック社の中にあるコンビニ型式のスタジオで体験させていただきましたが、広さは約 6 坪程度で、入口

第
11
回
B

213

には顔認証を読み取るAIがあり、天井には約20台のカメラがあって、四方八方の角度で監視されていました。専用のアプリでQRコードを読み取って入店し、商品を手に持って店から出ると5〜6秒でスマホ決済が完了しました。私はラムネを5つ両手で隠しながら店を出ましたが、やはりすべてを監視されていたので間違いなく決済されました。自

分自身絶対見破れないだろうと思っていましたが、ものの見事に見破られて驚きを隠せなかったです。

　また、このシステムは、お客の行動や何を買ったか、興味があるものなどはすべてデータ保存していると言っていました。コンビニエンスに関しては、実際に中国も日本も1店舗当たり最低6人〜7人は人材が必要なところですが、クラウドピック社の顔認証技術を使えば1店舗1人〜2人で運営でき、店舗展開も約2週間くらいという速さで対応できます。さらにレジ業務が必要なくなり、店舗運営の人件費削減だけではなく、従業員確保や長時間労働といった小売業界の課題も解決するのではないでしょうか。またレジ待ち時間が解消されることで、消費者の購買機会が増えて、収益が最大化されるのではないかと感じました。

　今回訪問させていただきましたクラウドピック社は日本の

NTT データと提携して、2022 年までに日本で約 1,000 店舗にこの技術を提供すると伺いました。今後日本もこういった技術を背景に、さらにキャッシュレス化が加速していき、いつしか店から従業員がいなくなる時代が来るのではないかと感じました。

■最後に

　今回の視察研修において、改めてグローバル的な視野を持つ重要性を感じました。実際にイメージしていたのとはまったく違い、国民のほとんどがキャッシュレス決裁を使っており、本当に驚きました。この巨大マーケットの中で急加速していく中国の成長は今後楽しみでもありますし、日本も負けてはいられないと感じました。

　ただ日本のようには、まだまだ安全・安心が優先されていませんが、少しずつ国民が食への安全・安心という考え方に変化しているのは事実です。そのためにも、衛生的な問題をはじめ、食品輸送では冷蔵・冷凍機能を備えた倉庫、物流センター、車両の導入や温度管理の高度化、近代的なコールドチェーンの整備が必要な課題になるのではないでしょうか。日本は人手不足ですが、中国はまだまだ労働力はたくさんありますので、このような整備をすれば物流はもっと急成長していくでしょう。

肌で感じた巨大なエネルギー、
気合を入れなおした中国体験記

株式会社グリーンベル

葛西　宣行

■謎が多すぎるチャイナマネー

　中国を語る上でまず解決しておかなければならないのが、チャイナマネーの出所である。

　驚異的な成長を支えた公共工事、国内インフラ、また信用性が低いがための通貨の安さで、世界中の製造事業を自国に集約することに成功し、一党独裁社会主義の発行する紙幣が世界中のインフラを買いあさる。

　日本やアメリカでは国債を発行し、借金が明確になり、供給量の伸び率にも歯止めがかかるが、中国の財政について日本の領事館に質問するも、社会主義なので……とやはり明確な回答は得られなかった。この刷り放題の貨幣に買収される日本の企業や土地や高級マンション。ここを解決しないまま、この巨大な中国という中国共産党株式会社を相手にどう取り組むのか。はたまた取り込まれるのか。

　この質問はタブーなのかナンセンスなのか腑に落ちないまま中国の視察が進んでゆく。

■それはともかく何より楽しい AZ-COM ネットツアー

　この視察に参加させていただくようになり4回目の参加。

　顔見知りも初参加の方も朝から晩まで同行し、さらには丸和運輸機関からサポートスタッフが同行してくれて、終始配

慮いただき安心して視察ができるのと、自然と仲間との会話も弾み、日頃触れ合うことのなかった方々との交流ができ、互いのビジネスになる。

　また領事館や大使、地元のビッグカンパニーへの訪問はなかなかできないし、和佐見理事長といろいろな意見交換ができて、修行の身としてはたまりません。日頃聞けない和佐見理事長の苦労話や人を育てる熱意や理念など直に聞ける機会もそうそうない。

■起業2年目でNTTデータと業務提携したクラウドピック社

　GoogleやIBMなどで経験を積んだ優秀な若者たちが中国に戻り、習得した技術で世界一を狙う海亀族（海外で学習、経験した中国人が国内へ戻り経済成長を続ける中国が彼らの背中を後押しする）。

　国家戦略でITやAI技術を促進させる中国の発展のスピードは世界でも群を抜き出た感じである。クラウドピック社では映像認識から人の動きと商品棚の変化で誰がどの商品をピックアップしたのかが判別できるシステムを実装ベースで開発を進めている。コンビニの無人化である。

　日本の技術開発予算や大学の研究チームの予算や人数の桁が違う。日本で開発するより、出来上がった技術を利用する。このNTTデータの判断を見ると、大手企業ではグローバリズムは遥か先に進んでおり、視野をもっと広げる必要があると痛感した。

第11回B

217

■アジア太平洋小売業者大会 in 重慶

　いよいよ和佐見理事長の登壇で会場は盛り上がり、物流が小売の資本であること、物流の可能性が小売、ＥＣ事業を左右する未来像をスピーチ。日本の物流事業はここに集結し世界の流通にチャレンジしていきたいと思う。

　ほかにはイトーヨーカ堂の三枝社長や京東の周副社長などのスピーチを聞くことができた。中国企業の京東ではIT、AIを駆使し、Amazonに追いつけ、追い越せで、世界で修行してきた中国人たちを集め、最強の集団を作り、世界をターゲットに急ピッチに拡大を目指している。

　対照的だったのはイトーヨーカ堂の三枝社長。100年続く企業とは幸福をお客様と社員と分かち合い、真の心を持ってお客様に感動を与えていく理念が大事と熱弁。対象的なTOPのプレゼンを見て、質と量の両者、両国の考え方の違いに正解はどこにあるのか考えさせられた。

　発展を最重要視し、環境や理念を顧みず、地球の構造まで変えてしまう中国の伝説の怪物獇（トン）に、日本人の優しさや心、環境への配慮をどう戦わせ、融合し、コントロールしてゆくのか、私たちの文化が世界を優しい国々に変えられるように我々の世代が背負っていかなければならないと強く感じ、再確認した視察会であった。

今やアメリカと世界を二分する「超大国中国」
そのAI、IoTを駆使した流通を身近に見る

三共貨物自動車株式会社

小倉　重則

　この度はアジア太平洋小売業者大会及び中国最新流通・物流視察研修会（2019年9月4日〜9月8日）Bコースに参加した。最初にメインイベントから紹介すると、9月7日（土）視察第4日目の、重慶市における和佐見社長のプレゼンテーションだった。日本の物流企業を唯一代表して、「今後の世界が求める物流全般について話される」とのことで、大きな期待を持って拝聴した。

　いよいよ満を持しての登壇では、会場に響き渡る第一声「大家好"ダアジェンハオ"」（皆様こんにちは）と、すべての受講者の心を掴む切り出しに「いいぞ、いいぞ」との意を強くした。

　内容としては「低温食品物流・高齢化社会を支える医療医薬品・ＥＣ常温物流を、丸和運輸機関の成長戦略エンジンとして最優先で取り組むこと」。

　さらに、ポリシーとして実践していることとして、①人材育成（毎年、500名の採用。高校・大学・外国人に対してのインターシップ。売上の2％を人材教育費に充てる）、②車両の確保（AZ-COM丸和・支援ネットワークで、将来ビジョンとして3万社の協力会社による共同購入など、バイ・イングパワーの確立）、③アマゾンのラストワンマイル自社物流の構築等々、熱く語り、聴く人たちに強いインパクトを与えた。

■ 9 月 4 日（水）視察研修第 1 日目

◆盒馬鮮生（フーマーションシェン）視察

　中国最大の E コマース企業アリババが、2015 年に設立したスーパーである。従来型のハイパーマーケットは、売り場面積 7,000 ㎡～ 20,000 ㎡、衣食住関連の総合的な品揃えを行うディスカウント志向の大型店であるが、それに代わり、新小売（ニューリテール）を目指し、新しいビジネスモデルを構築した。その特徴は、①食品に特化した品揃え、②グローサラントの導入、③即時配達、④アプリによる決済、などだ。

　フーマーの売り場面積はハイパーマーケットと比べて小さく、2,000 ㎡～ 4,000 ㎡の中型店である。食品が 8 割強を占め、うち 3 割は生鮮食品。店内の大型水槽で生きた魚介類を品定めし、購入して即味わうことができるレストラン機能を持っている。実際に生きたタラバ蟹、ロブスター、シャコを店内で選んで食べることを、私は知らなかった。利用者は一部の富裕層ではあろうが、近頃の中国の生活状況や食文化に大いに驚きを感じさせられた。

　また、EC の専用アプリからオンライン上で注文をすると、まずスーパーのスタッフが店頭から商品をピックアップし、専用の袋でピッキングを行い、アイテムが揃った袋を店舗内のベルトコンベア状のクレーンに載せて配送スタッフに渡し、バイク便にて 30 分以内で店舗から 3 ㎞圏内に配送サービスする。アリペイによって日本より普及しているキャシュレス決済に、中国の様々な革新を見せつけられた。

◆クラウドピック社（Cloud Pick）視察

　クラウドピック社は、2017年にシリコンバレーやシカゴで活躍したメンバーを中心として上海で設立されたばかりのスタートアップ企業。「ショッピングをより簡単に」をコンセプトに、アマゾン・ゴー同様、約20㎡（6坪）の天井に24台のカメラを設置して、店内で顧客が選んだ商品を自動的に読み取り、無人のレジで決済する。私たち数人がクラウドピック社のスタッフの指示、説明に従い、専用のアプリでＱＲコードを読み取ってストアー内で商品を選び、ストアーから退店した。すると数秒後、間違いなく決済されたことに目を見張った。

■9月5日（木）視察研修第2日目

　上海日本領事館訪問、磯俣秋男大使のお話をいただくことができた。

　上海の人口は2,300万人。上海港のコンテナ貨物取扱量は世界一である。そして、日系企業数は11,000拠点あり在留邦人が約41,000人と、日本との大きな経済窓口になっているとのことだった。

　中国はここ数年どのような変化を遂げてアジアの大国となっているのか、非常に興味深い思いがあった。2018年の日中両国首相の相互訪問などを通じ両国関係は完全に正常な軌道に復し、新たな段階を迎えた。

　磯俣大使は、「新時代の日中関係はハイレベルの相互往来、海洋・安全保障（東シナ海の安全）、国際スタンダードの下（競争から協調）、若い世代の双方向の交流などが必要。日中

両国の、地域・国際社会の幅広い課題に対する積極的な貢献が望まれる。経済はもとより、多くの分野で相互理解を高めていかなければ両国の将来は不安」と語られた。

◆アリババ本社訪問

世界的にも大変な話題性を持ち、私たちも大いに興味がある、あのアリババ本社を訪ねることができた。アリババは今年、20周年を迎える。建物を入るとすぐ、創業当時のアリババ会長、ジャック・マーとその仲間が映っていて、これから広がっていく将来を見据えているかのような、印象的な写真があった。

今や、世界最大の流通総額を叩き出すEC企業であり、中国で4つの革命を起こした。

① ネット通販による消費革命

② 1日で何億件もの取引を処理する技術革命

③ ネット・スマホで決済する金融革命

④ 大量の取引を短時間で処理する物流革命

これらが大きな要因となり、1年に一度、11月11日に「独身の日」と銘打って莫大な消費を叩き出すキャンペーンを成功させたことは有名である。

結びに、今回の中国視察研修旅行では、今やアメリカと世界を二分する「超大国中国」のAI、IoTを駆使してあらゆる分野に突き進む姿を身近に見ることができ、これからの私たち日本の立つ位置を深く考えさせていただくことができたことに感謝したい。

第
11
回
B

Omi's Eye

アジア太平洋地域を代表する流通の祭典
デジタル流通の急速な発展を遂げる中国重慶で3,000名を集めて

第19回アジア太平洋小売業者大会開催

(The 19th Asia Pacific Retailers Conference and Exhibition)

　第1回アジア小売業者大会は38年前の1983年、東京で開催された。この大会の創設に当たり、1978年日本商工会議所及び日本の主要小売団体により設立された日本小売業協会内に『第7回世界小売業者会議東京大会』準備会議が設けられ、1980年に全米小売業協会を中心に全世界から941名が参加して『第7回世界小売業者会議東京大会』が池袋サンシャインシティで開催された。併せて『世界小売業ビジネス機器展』も開催され61の企業が出店した。

　これを機に、「アジアの国・地域の国民の生活の向上と小売業の発展」を目的にアジア小売業者大会の開催を目指し、日本小売業協会が主体となってアジアの11の国と地域の主要小売業及び商工団体に呼びかけ、1982年に8か国の小売業代表の方々が参加して準備会議が開催された。アジアのほとんどの国や地域では『アジア小売業大会』参加準備を機に各国の小売業協会の設立が相次ぐ画期的な大会となった。当時、アジアの活力は世界経済の中でも重要度を増しつつあり、地理的、文化的にも近い関係を持つアジア地域の小売業に呼びかけ、情報

の交流と友好関係の促進を目的に『アジア小売業者大会』が開催された。その第 1 回大会には 11 の国と地域から 596 人が集まり、第一歩を記した。以来隔年の持ち回り開催で回を重ねるごとに新たな参加国が加わり、二巡目の幕開けとなる 2007 年の東京大会より、名称を『アジア小売業者大会』から『アジア太平洋小売業者大会』へと発展的に改称し、今日に至っている。

　そして、第 19 回大会は 2019 年中国重慶市で実施され、中国では北京に次いで 2 回目の開催となった。重慶大会は世界 30 か国から 3,000 人の参加者が訪れ、デジタル流通の急速な発展を遂げる中国流通業の今を、アジア・太平洋の国々の流通業関係者に強烈に印象づける大会となった。

　この大会及び第 16 回イスタンブール大会において丸和運輸機関の和佐見社長が日本小売業協会推薦講師として講演を行っている。

（2019年9月訪問）

Omi's Eye

アジア太平洋小売業者大会の歴史

大会	年度	開催国・地域	開催都市	参加国・地域	参加人数
第1回	1983年	日本	東京	11	596人
第2回	1985年	韓国	ソウル	11	249人
第3回	1987年	シンガポール	シンガポール	11	541人
第4回	1989年	香港	香港	11	1,098人
第5回	1991年	タイ	バンコク	11	1,252人
第6回	1993年	フィリピン	マニラ	12	1,295人
第7回	1995年	マレーシア	クアラルンプール	12	1,757人
第8回	1997年	オーストラリア	アデレード	14	1,322人
第9回	1999年	台湾	台北	14	1,689人
第10回	2001年	インドネシア	ジャカルタ	14	1,115人
第11回	2003年	ニュージーランド	クライストチャーチ	14	1,390人
第12回	2005年	中国	北京	17	3,000人
第13回	2007年	日本	東京	17	3,156人
第14回	2009年	韓国	ソウル	17	3,500人
第15回	2011年	シンガポール	シンガポール	17	1,900人
第16回	2013年	トルコ★	イスタンブール	17	2,164人
第17回	2015年	フィリピン	マニラ	17	1,800人
第18回	2017年	マレーシア	クアラルンプール	22	2,000人
第19回	2019年	中国★	重慶	22	3,000人
第20回	2022年	インドネシア	バリ		(開催予定)

（注）★印は丸和運輸機関和佐見社長が日本小売業協会推薦講師6人
　　　の内の1人として講演した大会。
　　　なお、現在アジア太平洋小売業者大会は、アジア太平洋地域最大の
　　　流通業者の大会となっている。

第2章

AZ-COM 丸和・
支援ネットワーク
創設の背景と活動

AZ-COM ネットの活動紹介

1．AZ-COM ネットとは

（創設の背景、設立目的）

　「AZ-COM 丸和・支援ネットワーク（略称：AZ-COM ネット）」は、設立母体である株式会社丸和運輸機関が 2015 年 4 月 10 日に東京証券取引所市場第一部に指定されたことを機に、それまで協力関係を築いてきたパートナー企業の皆様への恩返しと、全国の運送事業者に対する教育支援及び経営支援を目的に創設された団体です。比叡山延暦寺の開祖、伝教大師最澄が説いた「一燈照隅万燈照国」を理念として掲げ、全国に 6 万 2 千社といわれるトラック運送会社が抱える、ドライバー不足や荷主からの厳しい取引条件など、なかなか運送会社単独では解決しえない様々な課題に対して、支援策を提供する活動を続けています。

　もともと株式会社丸和運輸機関が数十年来の仲間と続けてきた「協力会社勉強会」を「任意団体 AZ-COM 丸和・支援ネットワーク」に改組して当初 139 社で発足し、2016 年 11 月 11 日に法人化して、「一般社団法人 AZ-COM 丸和・支援ネットワーク」となりました。その後、運送会社だけではなく、運送会社にサービスや物品を提供してくださるサプライヤー企業の会員や、運送業に携わる個人事業主も会員として加わることとなり、法人設立 4 年後の 2020 年 12 月末には 10 倍以上の 1,500 会員程に会員数が拡大、現在も組織の成長を目指しています。<u>（資料 1）</u>

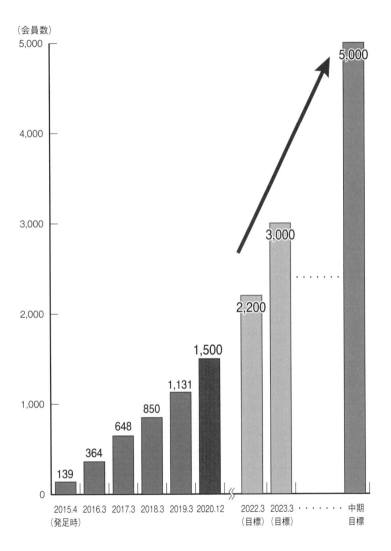

（資料 1 ）AZ-COM ネットの会員数拡大推移 (2020 年 12 月末現在)

（会員数）

- 2015.4（発足時）: 139
- 2016.3: 364
- 2017.3: 648
- 2018.3: 850
- 2019.3: 1,131
- 2020.12: 1,500
- 2022.3（目標）: 2,200
- 2023.3（目標）: 3,000
- 中期目標: 5,000

（主な会員と組織）

　株式会社丸和運輸機関の本社が埼玉県吉川市にあるため、関東圏の会員数が最も多くなってはいますが、北海道地域にも九州・沖縄地域にも多くの会員がいらっしゃるなど、AZ-COM ネットは全国的な組織になっています。各地域の主な運送業会員は（資料2）の通りです。

　トラックの運送業界では、いわゆる中小企業の比率が9割以上と高く、従って AZ-COM ネットの会員も、保有トラックの台数で言えば数十台から数百台という中小の運送会社がほとんどです。

　社団法人ですので、社員総会が年に1回必ず開催され、基本的に2年に一度理事を選出します。現在理事会は9名で構成されており、この中で互選により理事長1名、副理事長2名が選出されています。また、理事会の活動を監督する監事2名も、社員総会で選出されています。理事長は、設立以来、丸和運輸機関の創業社長である和佐見勝氏が務めており、副理事長は小倉重則氏（三共貨物自動車株式会社代表取締役社長）と山本輝明氏（丸和運輸機関取締役副社長）が就任されています。

　理事会の下に事務局があり、組織拡大本部と経営管理本部の2本部が置かれていますが、13名の職員が一体となって、様々な活動の企画や運営、会員の皆様への連絡や支援メニューの管理を行っています。また、社員総会のほかに、通常会員総会が定時社員総会開催の日に行われ、活動報告や、予算・決算の説明、懇親会も開催もしています。

　地域の活動も年々活発化しており、北海道、東北、関東、

（資料 2）エリア別会員数と代表的な運送業会員 (2020 年 12 月末現在)

エリア	会員数	代表的な運送業会員
北海道	88	【札幌市】共通運送(株)、(株)アイアイ・テー
		【北斗市】(株)巨都運輸
		【石狩市】(株)食品急送
		【苫小牧市】(株)萌運輸
東北	100	【仙台市】(株)ビー・アイ運送
		【青森市】盛運輸(株)
		【山形市】(株)ティスコ運輸
		【寒河江市】(株)丸の内運送
		【二本松市】(株)丸や運送
		【郡山市】(株)郡山運送
		【秋田県仙北郡】六郷小型貨物自動車運送(株)
関東 (1都3県)	848	【東京都】丸伊運輸(株)、(株)NTSロジ、松下運輸(株)
		【横浜市】安全輸送(株)
		【相模原市】(株)山紀
		【吉川市】(株)丸和運輸機関
		【草加市】(株)加藤物流
		【熊谷市】(株)井ノ瀬運送
関東 (1都3県以外)	75	【水戸市】(株)オオタカ
		【筑西市】三共貨物自動車(株)
		【群馬県邑楽郡】カンダ物流(株)
中部 (甲信越・北陸・東海)	42	【新潟市】東部運送(株)、(株)新潟食品運輸
		【中央市】山梨貨物自動車(株)
		【富山市】富山県トラック(株)
関西	187	【大阪市】大和物流(株)、大阪運輸倉庫(株)
		【神戸市】(株)大森廻漕店、(株)ロジスト
		【洲本市】淡路共正陸運(株)
		【八幡市】(株)エコライン
		【綾部市】(株)村上運送
中国・四国	67	【広島市】(株)脇地運送
		【岡山市】ヒカリ産業(株)、(株)前田物流サービス、(株)凪物流
		【松山市】(有)三光物流
		【四国中央市】大西物流(株)
九州・沖縄	93	【柳川市】(株)キョーワ
		【福岡県糟屋郡】(株)博運社
		【久留米市】丸善海陸運輸(株)
		【宇城市】(株)永井運送
		【那覇市】琉球通運(株)
合　計	1,500	

関西、中四国、九州の6つのエリアに分かれて、丸和運輸機関の関連会社が中心となり、会員の研修会や交流会、またゴルフ会なども催されています。会員の皆様の交流の場、情報交換の場としてご活用いただいているほか、新規のサービスメニュー紹介の場としてもご利用いただいています。<u>（資料3)</u>

（資料 3）通常年度の AZ-COM ネットイベント予定表 (4月1日〜3月31日)

日程		行事名
4月	中旬	北海道エリア交流会
	下旬	【教育支援】経営者コース（全6回）：第5回
5月		
	下旬	【教育支援】経営者コース（全6回）：第6回
6月	初旬	定時社員総会・通常会員総会
	中旬	【教育支援】セールスサービスマン初級コース（西日本） 九州エリア交流会
7月	下旬	【教育支援】セールスサービスマン中級コース（東日本） 大規模災害時の支援体制整備に関する諮問委員会 関西エリア交流会
8月	下旬	【教育支援】運行管理者研修 中四国エリア交流会
9月	上旬	【教育支援】セールスサービスマン中級コース（東日本）
10月	中旬	パートナー企業研修会
	下旬	皇居勤労奉仕（4日間） 大規模災害時の支援体制整備に関する諮問委員会 九州エリア交流会
11月	初旬	AZ-COM ネットゴルフ大会
	中旬	【教育支援】経営者コース（全6回）：第1回 海外研修　東南アジア最新流通・物流視察研修会
12月		（業界繁忙期につき行事予定無し）
1月	中旬	【教育支援】物流センタースタッフコース（東日本）
	下旬	【教育支援】セールスサービスマン初級コース（東日本） 大規模災害時の支援体制整備に関する諮問委員会（第7回） 【教育支援】経営者コース（全6回）：第2回
2月	中旬	関東エリア交流会 海外研修 米国最新物流・流通事情視察 【教育支援】経営者コース（全6回）：第3回 東北エリア交流会
3月	中旬	パートナー企業研修会
	下旬	【教育支援】経営者コース（全6回）：第4回

(注)この日程表は新型コロナウイルス感染状況が収束に向かうことを前提とした
スケジュール案です。

２．AZ-COM ネットの主な活動

（教育支援メニュー）

　AZ-COM ネットでは、(資料4) にありますように、階層別の研修コースを用意しています。セールスサービスマン講習の初級コースと中級コースは、トラックドライバーのための安全教育が中心ですが、特に中級コースでは、日野自動車株式会社の研修所での実地訓練が好評です。物流センタースタッフコースは文字通り物流センターでの管理ノウハウの提供を行い、運行管理者コースでは３回（３日）にわたって配車に関する知識の習得ができます。

　中でも経営者コースは、AZ-COM ネットの看板研修として位置づけられていますが、現役の創業経営者・和佐見社長自ら講師を務めて、トラック１台から始めて上場にまで至った経験談や経営哲学、会社経営の要点を熱く語っています。また、株式会社タナベ経営の講師による事業計画策定指導や、グループディスカッションによる経営者及び経営者候補生同士の交流などもあり、月１回の６か月開催ですが、充実した時間を過ごしていただいています。

　2020 年度は、大変残念ながら新型コロナウイルス感染拡大防止のため、こうした教育支援メニューの多くが中止となってしまい、会員の皆様にご迷惑をおかけすることとなってしまいました。

　この本にまとめられている海外視察研修会も、AZ-COM ネットでは、大変重要な教育支援メニューと考えております。１年の間に２度も３度も海外に視察団を送り出している

（資料4）　AZ-COMネットにおける研修及びセミナーの一覧表

研修・セミナー名	対象者	内容	時間
経営者コース	経営者及び経営幹部候補生	現役の創業経営者・和佐見理事長の講義 経営コンサルタント指導の事業計画策定	月1回1日で6か月 （12月を除く）
セールスサービスマン講習初級_東日本	トラック運転者となって1,2年の方	安全運転に関する講義	1日の講義
セールスサービスマン講習初級_西日本	トラック運転者となって1,2年の方	安全運転に関する講義	
セールスサービスマン講習初級_中四国	トラック運転者となって1,2年の方	安全運転に関する講義	
セールスサービスマン講習中級_東日本	トラック運転者となって数年の経験者	安全運転に関する講義と実地研修	1日の講義と実習
物流センタースタッフコース	物流センターの管理者と候補者	物流センタースタッフの役割、改善活動の進め方等の講義及び現場視察研修	1日の講義と体験学習
運行管理者講習	運行管理や配車の担当者と候補者	運行管理者の役割、管理業務の適正運用、改善計画の作成、収支管理等	月1回1日で3か月
計数管理コース	経営者や経理・財務責任者	「月次決算体制の構築」や「経営計画策定」を自社計数で実戦的に学習	全4回（1回6時間）
労務管理セミナー	経営者や労務管理の担当者	今後厳しくなる労基署による労務問題の具体的な解決策を示す	約2時間の講義
ダイフク 日に新た館見学ツアー	関西地域の運送事業者	(株)ダイフクの物流総合展示場「日に新た館」及び大型洗車機の見学	約1日
外国人労働者セミナー	外国人労働者の管理に携わる方		約2時間の講義
助成金活用セミナー	経営者や財務の担当者		約2時間の講義
Autumnセミナー （人材採用と自分ねんきん制度）	人材採用の責任者及び担当者 福利厚生関係の責任者及び担当者		約2時間の講義
海外視察研修 　米国 　欧州 　中国・東南アジア	経営者及び実務責任者	物流施設・流通施設の視察 大使館・JETRO等訪問	6泊8日程度 7泊8日程度 3泊4日～4泊5日
皇居勤労奉仕	15歳以上75歳未満、身分証明書要	皇居・赤坂御用地の清掃活動・各所見学	4日間連続
パートナー企業研修会	経営者及び経営幹部	特別講師の講演、会員代表者発表、理事長講演、支援メニューの説明	午後半日

団体というのは、当ネットだけではないかと自負しております。研修や視察の先も毎回新しい企画を立ち上げており、スケジュールとしても目いっぱい欲張って訪問先を確保するなど、業界でもユニークな研修かと思います。

　もちろん、こうした研修が実現できるのも、受け入れてくださる視察先企業の方々、講義をしてくださる現地の日本大使館や JETRO の方々のお陰ですので、改めてここに厚く御礼申し上げます。なお、「AZ-COM ネットの海外視察研修は観光の時間が少ない」とのご意見は伺っておりますが、幸い「研修内容が充実していた」との感想も多くいただいておりますので、従来の方針については堅持していく所存です。

　AZ-COM ネットでは、運送業界の皆様が関心をお持ちのテーマを選んで単発のセミナーもいろいろ開催しております。これまでのセミナーにつきましては、(資料4) をご覧ください。新しい研修テーマの選定もさることながら、新型コロナ対策の観点及び、東京オフィスにお出でになりにくい会員の皆様へのサービス提供の観点から、今後は Zoom を利用したセミナーなど、リモート開催のセミナーを充実させていければと思っています。

(経営支援メニュー)

　AZ-COM ネットでは、会員パートナー企業の皆様の事業展開を支援するために、経営・利益支援として様々なサービスや物品の提供をしています。ただし、AZ-COM ネットでは、教育支援メニューの受講料や海外視察の参加費など、実費は

お支払いただきますが、手数料などは一切頂戴しないこととしております。すなわち、基本的に営利事業活動は行わないというのが方針であり、会員の皆様にサービスや物品を提供してくださるサプライヤー会員の皆様には、「手数料をお支払いただく用意があるなら、その分を会員様に割り引いてご提供ください」とお願いしております。

　共同購入の主要品目については、<u>(資料5)</u> に掲載しております。AZ-COM ネットのホームページには、さらに多くの商品が紹介されており、基本的に市価より安い AZ-COM ネット価格で提供されています。人気商品としては、ストレッチフィルムや、尿素剤など、運送会社向けのものです。

　最初に提供された経営支援メニューは、丸和運輸機関との取引における支払サイトの短縮でしたが、携帯電話の貸与サービスや、燃料の共同購入の利用会員が多くなっています。2017 年 8 月から開始いたしました高速道路の ETC 大口多頻度割引サービスの提供、即納可能な新古車の販売、効果的な求人広告サービスの紹介など、順次新規メニューの開発、提供を心掛けて参りました。

　中でも特徴的なメニューは、トラックや設備のリース一括見積サービスや格安の見舞金制度のサービスです。会員企業から出向していただいている専門スタッフが、会員の要望に応えてユニークなメニューを開発作成しています。概要は<u>(資料6) (資料7)</u> に掲載の通りですが、詳しくは事務局にお尋ねいただければと思います。このほか、車両メンテナンスパックとか、個人会員（個人事業主）向けの青色申告サポートサー

（資料5）　**AZ-COM ネット共同購入サイトの主要品目**

運送業・倉庫業様向けに物流サプライ品、車輛関連用品、作業用品等を中心に、事務用品、日用雑貨まで揃えたWEBサイトです。
以下は掲載商品の一部ですが、商品は随時更新されます。

ご利用にあたっては、AZ-COMネット会員であることに加えて、事前登録が必要となります。

＜お薦め商品＞

　　各種緩衝材
　　　　みなスペーサー隙間梅太郎　汚れても拭き取り、
　　　　簡単・抜群の耐久性。コスパで選ぶならミナボード。
　　メガスカット
　　　　刺激型電子スティック。眠気ひと吸いで、ぶっ飛ぶ、
　　　　通常のメンソール、約10倍の刺激感。

＜その他の掲載商品＞

　　　　　　物流サプライ品
　　　　　　１. ストレッチフィルム
　　　　　　２. 台車
　　　　　　３. ラッシングベルト
　　　　　　４. 緩衝材

　　　　　　車輛関連用品
　　　　　　１. ETC2.0 車載器
　　　　　　２. ETCプリンター
　　　　　　３. ドライブレコーダー
　　　　　　４. アドブルー
　　　　　　５. レスキュー用品(バッテリーレスキュー・消防レスキュー)

　　　　　　作業用品
　　　　　　１. 安全靴・手袋
　　　　　　２. 高圧洗浄機
　　　　　　３. ボウサイブロック(車載用防災ブロック)

（資料6） リース会社紹介サービス

取引のメリット

■コスト削減

会員サイドで複数のリース会社との直接交渉が不要となります。
交渉時間の「直接的なコスト」が削減＝調達コストの削減につな
がります。

■リース会社選定の公平性・透明性確保

同一条件・一定の期間内でリース会社会員へAZ-COMネット事務局
が見積依頼をシステマティックに実施しますので、リース会社間で
の公平性が担保されます。

■調達先の多様化が実現します。

取引スキーム

売主 / 販売会社

①仕様・購入金額交渉実施

②見積書請求

AZ-COM 会員様

最優遇リース会社

⑥AZ-COM 事務局より紹介を受けた先と交渉実施&契約

③案件連絡票＋見積書を事務局あてFAXでお送りください。

⑤最優遇リース会社紹介

④案件概要連絡

AZ-COM 事務局

リース会社

（資料 7）

一般社団法人 A Z-COM丸和・支援ネットワーク　会員企業（運送業者のみ）の皆さまへ　**2020年版**

AZ-COMネット見舞金制度
（業務災害補償保険）のご案内

NEW 使用者賠償責任補償特約、雇用慣行賠償責任補償特約をオプションで
追加できるようにしました。

従業員の安心のために、是非ご加入をご検討ください。

タフビズ業務災害補償保険は、一般社団法人 AZ-COM丸和・支援ネットワークの会員の業務に従事
する方を**補償対象者**とし、**補償対象者が従業員**の場合は、業務に従事中に限らず*身体障害を被っ
た場合に保険金をお支払いする保険です。**補償対象者が庸車運転者**の場合は、AZ-COMネット
会員から請け負った輸送業務中のみ補償の対象となります。
　　　　　　　　　　　　　　　　　　　　　　　　　　　*フルタイム補償特約を適用

保険契約者	一般社団法人 A Z-COM丸和・支援ネットワーク
ご加入対象者	一般社団法人 A Z-COM丸和・支援ネットワークの会員企業（運送業者のみ）

■加入申込票提出締切: 毎月1日
　（加入申込票ご提出後の申込手続きは裏表紙の「加入手続きのご案内」にて詳細をご確認ください）

■保険期間 ： 2020年12月1日午後4時から2021年12月1日午後4時まで
（ご契約期間）

一般社団法人 A Z-COM丸和・支援ネットワーク

ビスなども提供しています。

　会員の皆様からは、アンケート調査を実施して要望を伺い、ニーズに合った、喜んでいただけるメニュー開発に努めていますが、やはり新規開発は簡単ではありません。現在取り組んでいる課題に福利厚生面のサービスがありますが、より便利なもので、より経済的にメリットの大きなもの、の開発に担当者は腐心しています。

　AZ-COMネットの設立目的は、中小運送会社会員の支援活動ですが、この活動をサポートし、協力してくださるサプライヤー会員様向けの活動も実施しています。サプライヤー会員様が提供してくださるサービスや商品をメールマガジンで全会員にご紹介したり、ホームページにコーナーを設けたりしてご案内させていただいています。また、総会やパートナー企業研修会の際には、数に制限はありますが、ブースを設けてサービスや商品の紹介もしていただくことができます。何種類かのカタログも作成して、運送会社会員様向けにご案内もさせていただいています。海外視察やゴルフ会、地域の交流会にもご参加いただけますので、運送会社会員の皆様と交流し、そのニーズを掘り起こす機会としてもご利用いただくことができます。

（社会貢献活動）

　AZ-COMネットは、社会貢献活動に取り組むことも表明しています。最初に実施したのは「皇居勤労奉仕」で、2016年11月28日から12月1日の4日間、和佐見理事長を団長

とする第 1 回 AZ-COM ネット奉仕団 26 名を組織し、宮内庁監督の下、皇居及び赤坂御用地の清掃活動に従事しました。天皇皇后両陛下のご会釈をいただく機会もあり、宮内庁の方々の丁重なご案内もあって、参加者一同大変充実した時間を過ごすことができました。この活動は、毎年秋に実施しております。

　現在最も力を入れている社会貢献活動は、大規模災害発生時の支援活動です。丸和運輸機関が 1995 年の阪神・淡路大震災や 2011 年の東日本大震災などにおいて様々な企業や自治体の被災者支援活動を行ってきた経験を踏まえて、AZ-COM ネットという全国組織を挙げて、大規模な災害が発生した場合には物資の調達や運搬などの支援活動をしようとしています。実際に AZ-COM ネット発足後にも、北海道胆振の震災や、熊本の震災、2019 年には台風 15 号や 19 号による水害などが発生しており、丸和運輸機関を中心に、被災地近辺の会員とともに支援活動を実施いたしました。

　さらに、今後発生が予測されている首都圏直下型地震や南海トラフ地震、また集中豪雨による災害の際には一層強力な支援活動ができるように、運送会社の会員を中心として支援体制の強化を図っています。他方、東京都、埼玉県、神奈川県、千葉県（一都三県）と災害時の物流支援のための協定を締結しており、そのほか丸和運輸機関の地元の吉川市、松伏町、北海道の石狩市、帯広市、芽室町、十勝総合振興局、さらに埼玉県の秩父市、越谷市、さいたま市、札幌市、高知市、福岡県、宮城県、大阪府とも同様の支援協定を結んで、防災訓練などに参加し、いざというときのために備えています。

　こうした活動のためには、まず自社のBCP（事業継続計画）がしっかりとできていなければなりません。丸和運輸機関及びその関連会社はこれまでの災害対策計画を見直し、各拠点のものを刷新しつつありますが、AZ-COMネットとしても会員の皆様の事業継続力強化を図るため、各地の経済産業局に対して賛同してくださる会員とともに連携の事業継続力強化計画認定の申請を行い、認定をいただいています。

　2019年4月からは、大規模災害時の支援体制整備のための諮問委員会（略称BCP諮問委員会）を設立し、東北大学の丸谷浩明教授を委員長として、京都大学の川瀬博教授、インターリスク総研の坂井田輝上席コンサルタント・府川均部長、北海道大学の今日出人教授、流通経済大学の矢野裕児教授に委員となっていただいて、ご指導や助言をいただいています。また昨年からは、東京大学生産技術研究所の都市震災軽減工学の権威、目黒公郎教授にもアドバイザーにご就任いただいて、特に東京都などの大都市の震災対策についてご指導をいただくことができるようになりました。丸谷東北大学教授の研究室には、丸和運輸機関が若手の社員を研究生として派遣しており、また目黒東京大学教授の防災関係の研究会にはAZ-COMネット事務局メンバーが参加して、災害時に対応するための研鑽を続けています。

3．AZ-COM ネットの将来ビジョン

　AZ-COM ネットは、今後も会員数の拡大に努めます。当面の目標は、2,000 会員の突破、中期的な目標は 5,000 会員としておりますが、収支の安定化やバイイングパワーの向上のためにも会員拡大は不可欠です。さらに長期的には1万会員も視野に入れており、業界の地位向上、中小の運送会社が助け合い強固な相互扶助の体制を築くため、また大規模災害時の支援活動を一層効率的に広範囲で行っていくためにも、組織を拡大していかねばなりません。将来的には東南アジアなど海外にも組織を拡大できれば、という夢を描いています。

　会員数が増加すれば、地域ごとに独自性のある展開も行えると思いますので、地域支部の設置も必要になるでしょう。女性社長の分科会や、テーマを決めての恒常的な勉強会・研究会の設置なども可能になってくると思います。現在の組織・体制を進化させていくことになるかもしれません。会員の皆様からより多くのアイデアやご意見、ご希望をお寄せいただき、より多くの支援メニューを開発して会員の皆様に喜んでいただきたいと考えています。

第3章

【座談会】
AZ-COM ネットの
海外視察研修を通して
日本の物流の未来を探る

開催日：2020 年 9 月 24 日（木）

～運輸・物流業界の発展に
AZ-COM ネットはどう貢献していくのか？～

<参加者>

松下運輸株式会社　代表取締役社長　坂田 生子

株式会社アットロジ 代表取締役社長　尾崎 真弘

株式会社岡田運輸 取締役副社長　木村 理恵子

六郷小型貨物自動車運送株式会社 代表取締役社長　近藤 哲泰

一般社団法人 AZ-COM 丸和・支援ネットワーク 理事長　和佐見 勝

顧問　近江 淳

本部長　坂 俊之

株式会社丸和運輸機関 食品営業部 部長　前多 靖広

<司会進行>

一般社団法人 AZ-COM 丸和・支援ネットワーク　田渕 麻理奈

① 海外視察研修に参加したきっかけ

田渕

　最初に、AZ-COM 丸和・支援ネットワーク（以下、AZ-COM ネット）が主催する海外視察研修に参加したきっかけを、その当時を振り返りながらお話しください。

坂田

　中小企業にとって研修事業を自社で行うことは非常に難しく、どこかで開催される研修に参加することがほとんどです。その中でも AZ-COM ネットが主催する教育研修はきちんとカリキュラムが組まれていて、非常に目を見張るものがありました。

　海外視察研修に関しては、2015 年の第 1 回欧州視察研修の話を聞いた際に強い憧れを持ち、次回の研修は是非参加したいと意気込んだことを覚えています。

田渕

　第 1 回目はベルギー、フランス、スペインの 3 か国を 10 泊 11 日間で視察する研修で、6 都市 14 か所の物流センターや店舗へ訪問した回でした。AZ-COM ネットでは全部で 11 回の海外視察研修を実施しておりますが、いまだにこの研修期間、訪問軒数を超えた回はございません。そんな第 1 回でしたので、随分多くのことをお聞きになられたのでは？

坂田

　そうですね。でも参加者のレポート報告やインターネット上でいろいろと見聞きするだけではなく、実際に自らも見に行けるのなら、これは一度参加してみたいな、と。新しいもの、最先端を学ぶきっかけになりました。

『海外視察は、参加した者にしか味わえない感動、学びがある。この機会を逃すまい』

尾崎

　私が初めて海外へ行ったのは、スーパーマーケットさん主催のニューヨーク研修でした。当時私は33歳ぐらいで、ものすごい刺激を受けたことを覚えています。ですが、その後はなかなか行けず、AZ-COMネットで海外視察研修の話を聞いたときは、これは絶対に行くべきだと確信しました。海外と日本の違いを実感したい、自分の目で見たいという思いが強く、必ず何か刺激を受けられるはずと、ワクワクしながら応募しました。

田渕

　尾崎さんはAZ-COMネット以外の海外視察研修にも参加された経験がおありですが、ほかとの違い『AZ-COMネットならでは』はありましたか？

尾崎

　一言で言うなら「遊びのない、集中できる研修」でしょうか。物流センターや店舗視察でスケジュールがぎっしりなのはもちろん、移動中のバスで視察後の感想を発表したり、帰国後はレポート提出があるので内容を整理したり。でも、こういった適度な緊張感が心地良く感じられるのは、AZ-COMネットならではだと思います。それに、この研修に参加したメン

バーの団結力・一体感は、参加した者にしか味わえないですね。

木村

海外は若い頃に行きましたが、子育て中は国内を家族旅行するぐらいで、いつかはまた行きたいと思っていました。そして、お得意先の社長様から海外視察を経て新商品の開発を思い立った話を聞いた矢先に、AZ-COM ネット主催の欧州視察のパンフレットを目にし、これは自費でも行くしかないと思いました。我が社の役員も３日間のタイ視察へ参加させていただき、そこでの学びや参加された皆さんとの交流がとても良い勉強になったと話していました。

田渕

国内で開催するほかのイベントにも積極的に参加されていますが、会員様同士の交流も国内と海外では異なりますか？

木村

海外だと良い意味で固定概念を覆してくれます。国内で交流して得られる知識や考え方ももちろん刺激になりますが、海外研修の方が圧倒的に異質な考え方に触れる機会が多いと感じます。また、世界の人たちからの視点で見た日本を教えてもらうことで、気づかされることもたくさんありました。何より、海外研修は和佐見代表の経験や知識を学ぶ貴重な時間がたくさんありますので、その内容を参加者と共有するこ

とで、さらに交流の輪が広がっています。

> 『リスクを回避して視察研修会を開催。海外視察はタイミングを逃すとなかなか同じ場所へは行けない』

近江

　木村さんが初めて参加されたのは第3回で、2016 年 9 月に開催した欧州視察でしたね。2016 年は同時期にフランスで立て続けにテロ事件が発生し、ご参加いただくにも普段以上に勇気のいる回であっ
たのではと思います。私も企画者として万全の態勢で臨むため、視察先を含む全行程をすべてバス移動に変更し、パリなど中心街は通らないように急遽調整をしました。

木村

　確かに怖かったですが、それ以上に感動が大きかったです。移動の途中に小さな町へ立ち寄って少し散歩をしたり、ほっとできる時間がとても良かったです。

坂田

　私は参加を断念したのですが、今思えば行けば良かった。現状はコロナ禍でいつ行けるのか、あのとき行けば良かったととても後悔しています。

『東証一部上場企業の創業社長と海外で一緒に学べる』

近藤

　当社は 2015 年に AZ-COM ネットへ入会しましたが、私が最初に受講した教育研修は「経営者コース」でした。そこでは和佐見理事長が講師となり、自らの経験談とともに会社経営に必要な手法を学 びました。そして、ちょうどそのときに 2017 年の米国視察研修の案内をいただき、一部上場企業の創業社長である和佐見理事長と一緒に海外へ行ける機会なんてなかなかないので、この機会に是非ご一緒したいと思い参加を決めました。

田渕

　2017 年に開催した米国視察研修は訪問地がテキサスとニューヨークでしたが、参加してみていかがでしたか？

近藤

　米国視察に参加する前は、日本国内の先進的な物流設備を見る機会があったので、正直日本ほど進んでいる施設はないのではないかと、海外に対して先進的なイメージは持っていませんでした。でもテキサスへ行って気づいたのは、様々な人が働ける職場環境づくりが、人種や言葉、体力の有無を含めて行き届いているということです。

田渕

　日本でも現在は中国やベトナムをはじめ、いろいろな国の人たちが多く働いていますが、海外ではいかがでしたか。

近藤

　視察で訪問した企業では、言語ひとつをとっても様々な民族の人が働ける環境が整っている現場を見て、海外の方が業務の平準化が進んでいると思いました。また、店舗への視察ではトレーラーのまま納品できるような店舗設計を目の当たりにして、固定観念が覆りました。

② 海外視察先での気づき、学び、衝撃を受けたこと、感動したことは？

田渕

　海外視察研修には日本では得られない経験を求め参加いただいておりますが、視察先での気づきや学び、衝撃的だったこと、感動したことなどありますか？

坂田

　初めて参加したとき、近江顧問から「何かテーマを持って研修に臨みましょう」とアドバイスをいただき、これで大きな実りを得ました。テーマは３つです。１つ目は、視察した国におけるトラックドライバーの社会的地位について。２つ目は、トラックドライバーの給料水準について。各国でドラ

イバーを見つけてはちょこちょこと近寄って、時給や待遇などをインタビューさせていただきました。そして3つ目は、女性の社会進出や活躍についてです。

田渕

　坂田さんはテーマを持つことで、視察先での質問やインタビューを積極的にされていましたが、何かひとつご紹介いただけますか？

坂田

　たとえば、3つ目の女性の活躍について、2018年に訪問したベトナムでのインタビューがとても印象的でした。数年振りの訪問であったため経済発展の目覚ましさに驚きましたが、インタビューした女性たちは口々に「自分たちは国の発展に貢献している」「国が豊かになり、幸せの実感を持って働いている」とおっしゃっていました。それを聞いたときは衝撃的で、今の日本でそういう風に思って働いている人は少ないのではないでしょうか？

田渕

　物流センターでの視察はいかがでしたか？

坂田

　一番記憶に残っているのは、2017 年に訪問したスペインのメルカドーナ（食品スーパー）の物流センターを訪問したときのことです。ヨーロッパでは自動倉庫は当たり前ですが、商品のピッキングから最終的にトラックバースに出るまですべて自動。まるでゲームのテトリスのように自動でピッキングされて、仕分けられていました。正直なところ、スペインより日本の方がシステムは進んでいると思っていたので、ものすごい衝撃を受けました。

『海外小売業の経営思想。従業員を大事にする経営』

近江

　メルカドーナはただ機械を入れて自動化しているのではなく、その根底には"人に優しい"職場環境を作るという考えがあります。従業員が安全で安心して働けるように、物流センターの中をできるだけ自動化にするということです。

坂田

　訪問した物流センターは、夏の厳しい暑さから従業員を解放するために改修されたそうです。そして、センター内業務の自動化にしても、「それまで肉体労働をしていた従業員を解雇せず、別の業務を割り当てて雇用を維持している」と伺ったときは、本当に素晴らしいと感動し、未だに忘れられず、また訪問したいと思っています。

近江

　メルカドーナは1997年に経営が厳しくなったとき、社長が真っ先に考えたのは従業員のことでした。従業員を大切にすれば、その想  いを従業員は必ずお客様に還元するだろうと。アメリカのウェグマンやトレーダージョーズ、ドイツのアルディも同様です。現在これらの企業はコロナ禍においても業績が伸びている会社のひとつと言えます。

坂田

　本当に素晴らしい企業ですよね。訪問させていただいたことに大変感謝しております。たくさんの学びをいただきました。

近江

　世界には様々なことに取り組んでいる素晴らしい企業がたくさんあります。その情報を耳にするだけではなく、是非AZ-COM ネットの海外視察研修にご参加いただき、現地で実際にその会社の店舗や商品、働く従業員から経営思想に裏付けられているものを探してみてください。

③ 海外視察研修への参加前、参加後で ご自身や経営に変化は？

田渕

　海外視察研修では多くの学びや刺激を受けて日本へ帰国されていらっしゃいますが、参加する前と後で変化したことはありますか？

『海外から学び、働きやすい職場づくりを推進』

尾崎

　当社の場合、荷主はスーパーマーケットであるため、バイヤーと話すことが多いですが、その内容が大きく変わりました。私が視察した先は、彼らにとって憧れのトレーダージョーズだったりするわけですよ。見てきた最新の情報などと併せて「今後、世界はこういくのではないですかね？」といった

話をすると興味を持っていただき、非常に役立っています。それから、自社の休憩所やトイレの改装を行いました。海外の施設を見たら、これじゃあ、ウチ "まずいよ" と。

坂田

　人に優しいですよね、世界は。視察先によってはミネラル
ウォーターが無料だったり、アマゾンさんでは軍手やカッ
ターも必要なだけ支給されていましたよね。音のうるさい作
業場では、耳栓が自由に使えたりもしていました。

尾崎

　私が初めて参加したド
イツでの物流センター視
察は衝撃的でした。行く
前は、日本が世界で一番
優秀なのだと思って行っ
てみたら、ドイツ製の自
動倉庫は音がしないんで

すよ。何で動いているの？　と不思議に思うくらい、すごい
速さで動いているのに静かで。日本の自動倉庫はジャーとか
音がものすごいでしょ？　日本と全然違うじゃない、と衝撃
を受けましたね。

『既成概念に気づくことが、自己変革の第一歩』

近江

　日本は世界でトップクラスだとか、優秀だという認識があ
るけれども、それは GDP の大きさや教育水準など今までの
固定観念で見ているでしょう？　海外へ行くとそういった視
点ではなく、たとえば働きやすさですとか環境への配慮な

どをベースに"人に優しい"という観点を持って整備されているのです。ドイツの EC 大手 OTTO の物流センターでは、休憩所に外の景色を眺め、気持ちが和める空間がありました。このように世界で見たものから、まずは意識を変えていけるといいですよね。

『海外に学び、できることから始めた福利厚生の充実』

坂田

　当社も海外の福利厚生に感銘を受けて、新しく「記念日お祝い制度」を作りました。それは、何か節目のときに金一封をもってお祝いをさせていただく制度で、5年・10年目の結婚記念日や、親の還暦、古希のお祝い、子供や孫の入学祝いと充実させています。大した金額ではないですが、社員一人一人への想いを示すことがとても大事だと学んだことによります。

近江

　「うちはそんな規模の会社じゃないし、お金もないからダメだ」と言うのではなくて、ここだけは少し工夫してみようとか、些細なことからスタートするのも必要ですね。

④ 今後の海外視察研修に期待することは？

田渕

　研修をきっかけに変化があったことをお聞きし、とても嬉しいです。現状は新型コロナウイルスが収束するまでは海外視察研修を再開できませんが、今後海外研修に期待することがございましたら、是非お聞かせください。

近藤

　新型コロナウイルスの影響で、自動化や機械化など、省力・省人化につながる取り組みはかなりのスピード感で進むと思います。私は 2018 年に北欧 4 か国へ行ったとき、各国が共通のユーロパレットを使って物が流通している姿を見ました。生鮮品だけではなく様々な商品がユーロパレットに載って国を跨ぎ流通される仕組みは、非常に効率的で合理化しています。一方で、日本はどちらかというと各社のオリジナリティが強く、共有できないことから、効率化の妨げになっているように感じます。

坂田

　シェアリングのイメージが世界と比べてまだないですよね。

近藤

　負担が全然軽減されていない現状を考えると、私たちがもっともっと学び、学んだことをどうこの社会に浸透させ伝えていくのか、ということを併せ持って取り組めたらいいと思います。以前、「トラック輸送における取引環境・労働時間改善協議会」の秋田県の委員会でユーロパレットの話をした際、感心の声が上がりました。

坂田

　なぜ取り入れられないのでしょうね？

近藤

　物流の効率化は業界などの垣根を越えて進めていくことが、本当に必要だと思います。ですので、こういった研修でいろいろな経験や学びを増やしていきたいですし、それをどんどん発信して、仕組みを変えるきっかけや原動力につなげていけたらいいと思います。

木村

　海外は法規制も違いましたよね。

前多

　ヨーロッパを訪れた研修では専用バスのドライバーが皆タブレット端末を持っていて、労働時間に対する管理の厳しさを目の当たりにしましたね。あれも法規制であって、EU一帯で行っている取り組みでした。

近江

　休憩時間も、たとえば3時間運転したらすぐ近くのパーキングエリアに入って「今から3時間を超えてしまう。法律で罰金が高いからここで休憩をさせてほしい」と言われたこともありました。そのため、特にヨーロッパでは行程を組む際、予定よりも多めに移動時間を設定しており、これぞまさしく運行管理ですね。

木村

　サービスエリアではドライバーがキャンプのように泊っている姿を見て、仕事だけが人生ではないと、こういうところが先進国だなと思いました。

前多

　国が変われば法規制も違い、常識も変わるということですね。毎年訪れているアメリカでは、前年からドライバーの労働時間の規制が強化され、収入の減少により翌年にはドライバー不足が起きていました。この視察を通して、労働者を守る法規制がこのように影響し、ドライバー不足へ一気に陥った状況を肌身で感じ、既成概念がなくなりました。

⑤ これからの時代、運輸・物流業界はどうなっていくか？

田渕

　これからの時代、皆さんは運輸・物流業界がどうなっていくと考えておられますか？

坂田

　人がやらなければならない仕事と機械やAIなどに置き換えられる仕事が明確になり、業務が棲み分けられるのではないでしょうか。そして、これはやはり企業の姿勢だと思いますが、省人・省力化で生まれた利益を、きちっと従業員に還元する仕組みへ変わっていって欲しいと私は思います。スペインのメルカドーナはとてもいい例です。

田渕

　全自動の物流センターを運営しているメルカドーナは、こ

れまでピッキング作業員だった社員などをどのようにして雇用し続けているのでしょうか？

坂田

　センターにいた方に仕事内容を聞いたら、庫内の整備やメカニックの仕事、システムサポートや荷受の作業員、また倉庫に併設するカフェで働くなど、いろいろな仕事が準備されているので解雇はされないとのことでした。

近江

　企業は発展していくことが絶対に大事であり、メルカドーナは成長しているから新店舗が作れ、新たな雇用も生まれていましたね。

尾崎

　やはりバランスでしょうね。人口が減ってきているので、そこをうまく機械へスライドするような。それが理想的だと思います。

田渕

　たとえばアットロジ様の場合、業務の棲み分けや人から機械への置き換えは、どのような風にしていきたいですか？

尾崎

　当社は扱っている商品が食品なので、自動化するのが非常に難しいです。日本で自動化に対応しているのは商品によって違い、対象には医薬品など単価が高いものが多いです。当社のように一丁 50 円の豆腐など、あれは手で配らないとコストを回収できない現実があるので、そこはやり方を変えるべきだと思います。発注単位をバットひとつに変えてもらうとか。

坂田

　発注ロットは大きく影響しますよね。

尾崎

　発注ロットとかバットの関係ですよね。商品ごとにバットの種類が決められていたり。先程のパレットの話じゃないですが、共通のものを使えればそれだけでもコストダウンになります。

坂田

　人件費が安いから、今までは人海戦術で賄えていたんですよね。その影響で、物流に関するインフラが世界と比べてものすごく遅れているのが、今の日本だと思います。

近藤

　結局は半自動化の形で、現場に人がまったくいなくなることはないと思います。逆に、運輸・物流業界はベース賃金が低く、長時間労働をして初めて人並み以上の収入が得られる現状は、社会的地位が低いと言わざるをえないと感じます。だからこそ、短い時間で生産性を上げ、機械化するものは機械化して、現場の第一線で働いている人たちが短い業務時間でほかの業態と同じぐらいの給料を得られるように、環境の整備や効率化、自動化への取り組みを進めていきたいです。

近江

　メルカドーナでは、品揃えは通常のスーパーの３分の１とお客様が欲しいものだけに絞っています。月に１回も使わない商品は取り扱わず、ほかの店で買えばいいとの考えです。これは彼らのやり方で、アイテム数を絞ることでセンター業務の自動化がしやすいというの
はあります。そういう企業方針であるということも頭に入れておく必要がありますね。

尾崎

　これからは物流側からも荷主へのお願いや依頼ベースだけではなく、改善提案をしていかなければいけないですよね。そうしないと、自分たちも成長しないし、他社と変わったこ

とをやらないと。ただ仕分けて運ぶだけでは仕事は取れない
ですよ。

> ⑥ **変化し続けるため、今後の自社の展望を実現す
> るため、AZ-COM ネットに期待することは？**

田渕

　AZ-COM ネットはまだまだこれから成長していく団体で
すが、何かこの運輸・物流業の集まる団体でこういうこと
をしていきたいとか、AZ-COM ネットがお役に立てること、
期待されることはございますか？

坂田

　海外研修やドライバー研修といった事業は、中小企業では
なかなかできないので是非とも続けて欲しいです。今はオン
ラインでのセミナーも開催されていますし、コンサルティン
グなどでも積極的に活用できるのではないでしょうか。また、
運送会社はロジスティクスなので、AI や IT といった最先
端の技術を学ぶ機会が必要だと思います。DX に詳しい方を
呼んで勉強させていただいたり、システムを構築する話が聞
けたらいいと思います。

木村

　運送業同士で名刺交換ができる機会が減ってきたので、交
流会に配車係を連れて行き、やり取りできる場を設けて欲し

いですね。

坂田

　もうちょっと尖がった研修をするとかね。配車係だけの研修会とか。お互いの面識を得るだけではなく、今後は何か仕組みとしてあったら面白いなと思います。また、BCP という考えの中に、ビジネスマッチングを入れてもらいたいです。ある一定のルールの中で、人材のシェアリングなんかもできたらいいと思います。これだけ運送会社が集まっているわけですから、お互いに知恵を出せばできることもあるんじゃないかと。

尾崎

　特に今はコロナ禍で仕事が減った運送会社さんもあるだろうし、逆に車が足りない会社もあるでしょう。AZ-COM ネッ

トの会員企業内で仕事を分け合うことができたらいいのではないでしょうか。

近藤

　東北ではエリア別の分科会があるので、エリア別で実務担当者交流会を開催するのもいいですね。

田渕

　たくさんのアイデアをいただき、ありがとうございます。今後も会員企業の皆様の成長にお役立ちできるよう、事務局一同精進して参ります。

和佐見

　AZ-COMネットはこれまでに海外視察研修会をヨーロッパ4回、アメリカ4回、アセアン・中国3回の計11回開催し、延べ300人を超える方々にご参加いただきました。

　多くの参加者から聞かれるのは、研修に参加するまでは日本の商流・物流は最先端で、海外に学ぶべきものは何もないと思っていたということでした。しかし、座談会にご出席の皆さんの発言や、研修後の参加者レポートから当研修で数多くの学びと気づきを得られたことと窺えます。これをヒントに各人各社なりの創意工夫で、より確かな成果へとつなげていくことが求められています。

　さらに、自社内に留まらず、会員相互の英知と共感でさら

に大きな成果へと膨らませることができるのではないでしょうか。

　今、世界は爆発的な新型コロナウイルスの感染拡大で流通構造が激変し、商流・物流ともに EC に対応した事業へ大幅な変革を迫られています。コロナ禍収束後も海外視察研修を継続し、会員企業の成長を図って参ります。

上段：田渕麻理奈、前多靖広、尾崎真弘、近藤哲泰、坂俊之
下段：木村理恵子、近江淳、和佐見勝、坂田生子　　（敬称略）

「海外視察研修会」参加者名簿

第1回 【訪問国：ベルギー、フランス、スペイン】

会社名	氏名
三共貨物自動車株式会社	小倉　重則
株式会社アカリサービス社	戸張　賢吾
東部運送株式会社	川崎　道夫
NTT 東日本	梅北　久美
株式会社フレームワークス	秋葉　淳一
株式会社千疋屋総本店	大島　博
株式会社千疋屋総本店	大島　路恵
株式会社日本システムデザイン	梅北　千広
大阪産業大学	浜埼　章洋
大阪産業大学	山本　将志
日本自動車ターミナル株式会社	染谷　弘之
日本自動車ターミナル株式会社	太田　武士
有限会社サクラホテル	久枝　壯一
有限会社サクラホテル	九十九　ひろ子
浪速運送株式会社	東　久博
株式会社丸和運輸機関	和佐見　勝
株式会社丸和運輸機関	高橋　利至
株式会社丸和運輸機関	三本　浩
株式会社丸和運輸機関	前多　靖広
株式会社東北丸和ロジスティクス	平野　健治
オフィス J.O.	近江　淳

第2回 【訪問国：アメリカ（ロサンゼルス）】

会社名	氏名
松下運輸株式会社	坂田　生子
株式会社加藤物流	加藤　好広
東部運送株式会社	川崎　葵吉
株式会社アールディーシー	八武崎　振一

株式会社アカリサービス社	戸張　明
トーヨーカネツ株式会社	山田　歩
トーヨーカネツ株式会社	中野　一拓
ロジザード株式会社	遠藤　八郎
株式会社キシ・トレーディング	岸　健司
日野自動車株式会社	橋本　慎一
日野自動車株式会社	山根　良和
日野自動車株式会社	青木　克己
東京日野自動車株式会社　松伏支店	柴田　知男
株式会社創造経営センター	髙橋　朋秀
大阪産業大学	浜崎　章洋
株式会社丸和運輸機関	和佐見　勝
株式会社丸和運輸機関	岩﨑　哲律
株式会社丸和運輸機関	前多　靖広
株式会社丸和運輸機関	二階堂　聡
株式会社ジャパンクイックサービス	和佐見　次男
株式会社ジャパンクイックサービス	小河原　伸晃
株式会社ジャパンクイックサービス	遠山　孝介
オフィス J.O.	近江　淳
一般社団法人 AZ-COM 丸和・支援ネットワーク	野口　純

第3回　【訪問国：ドイツ、フランス、オランダ】

会社名	氏名
株式会社アカリサービス社	戸張　明
株式会社アットロジ	尾崎　真弘
トーヨーカネツ株式会社	小幡　将久
株式会社キシ・トレーディング	岸　健司
株式会社岡田運輸	木村　健児
株式会社岡田運輸	木村　理恵子
暁運送株式会社	脊山　亨赳
日野自動車株式会社	島田　好輝
日野自動車株式会社	藤原　快
東京日野自動車株式会社　松伏支店	柴田　知男
大阪産業大学	浜崎　章洋

日本自動車ターミナル株式会社	宮島　輝政
日本自動車ターミナル株式会社	大戸　清志
株式会社ソウケイ・ハイネット	岩崎　明
株式会社丸和運輸機関	和佐見　勝
株式会社丸和運輸機関	秋元　敏良
株式会社丸和運輸機関	前多　靖広
株式会社丸和運輸機関	板井　智章
株式会社丸和運輸機関	染谷　樹春
株式会社ＷＡＳＡＭＩ	仲屋　太郎
オフィス J.O.	近江　淳
一般社団法人 AZ-COM 丸和・支援ネットワーク	野口　純

第４回　【訪問国：アメリカ（ダラス、ニューヨーク）】

会社名	氏名
松下運輸株式会社	坂田　生子
株式会社丸や運送	佐藤　仁
株式会社丸や運送	柴田　堅晋
株式会社アールディーシー	八武﨑　振一
株式会社アカリサービス社	戸張　明
株式会社アットロジ	尾崎　真弘
トーヨーカネツ株式会社	永石　和幸
ペネトラ・コンサルティング株式会社	安澤　武郎
株式会社キシ・トレーディング	岸　健司
株式会社サトウロジック	佐藤　康浩
株式会社井ノ瀬運送	野中　真人
株式会社永井運送	永井　雄大郎
株式会社大森廻漕店	須藤　明彦
暁運送株式会社	春山　亨赳
日野自動車株式会社	中島　聖文
東京日野自動車株式会社　松伏支店	門井　良幸
有限会社アシモ	柴田　大地
六郷小型貨物自動車運送株式会社	近藤　哲泰
株式会社ヨシダ商事運輸	福島　二郎
株式会社ヨシダ商事運輸	鈴木　俊彦
三菱化学エンジニアリング株式会社	山崎　将史

三菱商事都市開発株式会社	鈴木　葵
成田運輸株式会社	成田　智美
全国通運株式会社	岩崎　保雄
大阪産業大学	浜崎　章洋
株式会社丸和運輸機関	和佐見　勝
株式会社丸和運輸機関	筑肱　夏彦
株式会社丸和運輸機関	前多　靖広
株式会社丸和運輸機関	染谷　樹春
株式会社ＷＡＳＡＭＩ	仲屋　太郎
オフィス J.O.	近江　淳

第５回　【訪問国：タイ（バンコク）】

会社名	氏名
株式会社加藤物流	大澤　昭広
株式会社丸や運送	渡邊　修兵
松下運輸株式会社	河森　聖市
東部運送株式会社	川﨑　葵吉
株式会社アカリサービス社	戸張　賢吾
株式会社アットロジ	尾崎　真弘
株式会社サンユー	中澤　正好
株式会社岡田運輸	木村　健児
株式会社岡田運輸	木村　理恵子
株式会社岡田運輸	井上　直城
株式会社丸の内運送	小林　茂美
株式会社備南自動車学校	井上　道信
寒河江物流株式会社	後藤　智樹
興銀リース株式会社	深山　吉秀
暁運送株式会社	脊山　亨赳
日野自動車株式会社	福里　浩之介
東京日野自動車株式会社　松伏支店	鈴木　秀明
株式会社丸和運輸機関	和佐見　勝
株式会社丸和運輸機関	舘　逸志
株式会社丸和運輸機関	前多　靖広
オフィス J.O.	近江　淳
一般社団法人 AZ-COM 丸和・支援ネットワーク	坂　俊之

第6回 【訪問国：イギリス、スペイン】

会社名	氏名
松下運輸株式会社	坂田　生子
東部運送株式会社	川崎　慶文
株式会社アールディーシー	八武﨑　振一
株式会社アカリサービス社	戸張　明
株式会社アットロジ	尾崎　真弘
ロジザード株式会社	遠藤　八郎
株式会社ティスコ運輸	菅原　茂秋
株式会社井ノ瀬運送	野中　真人
太陽運輸株式会社	竹備　裕二
六郷小型貨物自動車運送株式会社	近藤　哲泰
株式会社三越伊勢丹ビジネス・サポート	酒井　健太
株式会社三越伊勢丹ビジネス・サポート	瀧井　聡
日本自動車ターミナル株式会社	横矢　貴代
株式会社丸和運輸機関	和佐見　勝
株式会社丸和運輸機関	前多　靖広
株式会社丸和運輸機関	竹田　沙織
株式会社丸和運輸機関	染谷　樹春
株式会社WASAMI	仲屋　太郎
オフィスJ.O.	近江　淳

第7回 【訪問国：アメリカ（ワシントンD.C.、シアトル）】

会社名	氏名
松下運輸株式会社	坂田　生子
東部運送株式会社	川崎　慶文
株式会社アールディーシー	八武﨑　振一
株式会社アカリサービス社	戸張　明
株式会社アットロジ	尾崎　真弘
あかりレンタルジャパン株式会社	村上　和久
トーヨーカネツ株式会社	和田　大
ロジザード株式会社	遠藤　八郎
株式会社グリーンベル	葛西　宣行
株式会社サウンズグッド	鵜浦　佑介
株式会社タカダ・トランスポートサービス	髙田　輝成

株式会社ポストサービス	坂田	里奈
株式会社ポストサービス	小島	充浩
株式会社ポストサービス	小俣	美武
株式会社マルコ物流	遠藤	保夫
株式会社井ノ瀬運送	野中	真人
株式会社永井運送	永井	雄大郎
株式会社永井運送	上原	拓
日野自動車株式会社	伊藤	公一
東京日野自動車株式会社　松伏支店	木山	尚彦
有限会社ホワイト・スタッフ・サービス	須田	有美子
株式会社ソウケイ・ハイネット	岩崎	明
株式会社丸和運輸機関	和佐見	勝
株式会社丸和運輸機関	岩崎	哲律
株式会社丸和運輸機関	筑肱	夏彦
株式会社丸和運輸機関	前多	靖広
株式会社丸和運輸機関	染谷	樹春
オフィス J.O.	近江	淳

第8回　【訪問国：ノルウェー、デンマーク、スウェーデン、フィンランド】

会社名	氏名	
東部運送株式会社	川崎	敬文
株式会社アカリサービス社	戸張	明
株式会社アットロジ	尾崎	真弘
おひさまエナジーステーション株式会社	松本	照生
おひさまエナジーステーション株式会社	戸田	拓也
トーヨーカネツ株式会社	隂	英貢
株式会社グリーンベル	葛西	宣行
株式会社コープエナジーなら	西山	剛史
株式会社岡田運輸	木村	健児
株式会社岡田運輸	木村	理恵子
共通運送株式会社	永原	敏雅
信和商事株式会社	中村	昌弘
日野自動車株式会社	三浦	聡
六郷小型貨物自動車運送株式会社	近藤	哲泰
株式会社丸和運輸機関	和佐見	勝

株式会社丸和運輸機関	前多　靖広
株式会社丸和運輸機関	染谷　樹春
株式会社ＷＡＳＡＭＩ	仲屋　太郎
オフィスJ.O.	近江　淳

第9回　【訪問国：ベトナム】

会社名	氏名
松下運輸株式会社	坂田　生子
東部運送株式会社	呉座谷　幸男
株式会社アカリサービス社	戸張　明
株式会社アットロジ	尾崎　真弘
株式会社キョーワ	中山　利英
おひさまエナジーステーション株式会社	松本　照生
ロジザード株式会社	遠藤　八郎
ロジザード株式会社	グェン・ティ・フン・ユイン
株式会社　共同	小森　健
株式会社グリーンベル	葛西　宣行
株式会社タカダ・トランスポートサービス	関　尚行
株式会社タカダ・トランスポートサービス	山根　孝雄
株式会社タカダ・トランスポートサービス	大賀　英直
株式会社ヒラメキコーポレーション	髙橋　成江
株式会社宇土運輸	菊池　正隆
株式会社吉富運輸	辻尾　英昭
株式会社新潟食品運輸	井越　大介
株式会社新潟食品運輸	山谷　聖樹
株式会社備南自動車学校	井上　道信
興銀オートリース株式会社	伊藤　善文
増田運輸株式会社	西條　雅人
大和物流株式会社	瀬山　嘉治
日野自動車株式会社	山口　雅之
株式会社ソウケイ・ハイネット	岩崎　明
株式会社丸和運輸機関	和佐見　勝
株式会社丸和運輸機関	前多　靖広
株式会社丸和運輸機関	竹田　沙織
株式会社丸和運輸機関	染谷　樹春

株式会社WASAMI	仲屋　太郎
オフィス J.O.	近江　淳

第 10 回　【訪問国：アメリカ（ロサンゼルス、ラスベガス）】

会社名	氏名
松下運輸株式会社	松下　龍平
一般社団法人国際物流総合研究所	南　元一
株式会社アールディーシー	八武﨑　振一
株式会社アカリサービス社	戸張　明
トーヨーカネツ株式会社	八木　宣明
マツダ株式会社	中尾　駿介
ロジザード株式会社	遠藤　八郎
ロジザード株式会社	佐藤　紀章
株式会社グリーンベル	尾形　美幸
株式会社タカダ・トランスポートサービス	横山　一揮
株式会社タカダ・トランスポートサービス	瀧澤　善之
株式会社ヒラメキコーポレーション	髙橋　成江
株式会社井ノ瀬運送	野中　真人
株式会社井ノ瀬運送	和田　淳
株式会社井ノ瀬運送	増島　和行
株式会社吉富運輸	辻尾　英昭
株式会社新潟食品運輸	井越　大介
株式会社新潟食品運輸	八幡　崇之
共通運送株式会社	佐々木　功
若松梱包運輸倉庫株式会社	若松　孝夫
信和商事株式会社	中村　昌弘
東洋運輸倉庫株式会社	本山　祐也
東洋運輸倉庫株式会社	廣田　翔介
日野自動車株式会社	田中　友之
株式会社三越伊勢丹ビジネス・サポート	酒井　健太
株式会社三越伊勢丹ビジネス・サポート	樋口　厚司
株式会社丸和運輸機関	和佐見　勝
株式会社丸和運輸機関	前多　靖広
株式会社丸和運輸機関	竹田　沙織
株式会社丸和運輸機関	染谷　樹春

株式会社ＷＡＳＡＭＩ	仲屋　太郎
オフィス J.O.	近江　淳

第11回（Aコース）【訪問国：中国】

会社名	氏名
松下運輸株式会社	坂田　生子
株式会社アカリサービス社	戸張　賢吾
有限会社セイントサービス	金子　聖平
株式会社 You ライフ	楊　晶晶
株式会社 You ライフ	児島　優
株式会社ヒラメキコーポレーション	髙橋　成江
マツダ株式会社	皆木　龍太朗
ロジザード株式会社	遠藤　八郎
おひさまエナジーステーション株式会社	松本　照生
株式会社山田紙器	川畑　隼
株式会社マルコ物流	佐藤　潔
株式会社マルコ物流	橋本　陸
株式会社ＬＮＫ	矢野　真宏
興銀リース株式会社	藤倉　覚
株式会社丸の内運送	小林　茂美
株式会社井ノ瀬運送	野中　真人
株式会社井ノ瀬運送	岡崎　剛直
有限会社ファーストエクスプレス	祐川　覚
株式会社吉富運輸	辻尾　英昭
株式会社ベルク	原島　一誠
株式会社三越伊勢丹ビジネス・サポート	酒井　健太
株式会社三越伊勢丹ビジネス・サポート	渡部　篤詞
株式会社三越伊勢丹ビジネス・サポート	髙橋　幸生
株式会社三越伊勢丹ビジネス・サポート	胡　盼盼
株式会社丸和運輸機関	和佐見　勝
株式会社丸和運輸機関	前多　靖広
株式会社丸和運輸機関	蘇　霞
株式会社東北丸和ロジスティクス	平野　健治
株式会社ＷＡＳＡＭＩ	仲屋　太郎

| オフィス J.O. | 近江　淳 |
| 一般社団法人 AZ-COM 丸和・支援ネットワーク | 田渕　麻理奈 |

第 11 回（B コース）【訪問国：中国】

会社名	氏名
三共貨物自動車株式会社	小倉　重則
株式会社アカリサービス社	戸張　明
東部運送株式会社	鬼山　重忠
株式会社アットロジ	尾崎　真弘
株式会社アットロジ	谷田　憲繁
株式会社エコライン	辻村　定良
株式会社エコライン	久保田　健史
株式会社エコライン	瀧本　将之
六郷小型貨物自動車運送株式会社	近藤　哲泰
株式会社グリーンベル	葛西　宣行
北海道イシダ株式会社	笠井　剛
日野自動車株式会社	舩越　智博
おひさまエナジーステーション株式会社	戸田　拓也
株式会社ロジスト	打保　陽
株式会社ロジスト	前鶴　祥行
東京日野自動車株式会社	井上　哲也
株式会社コープエナジーなら	中村　和次
株式会社竜栄商事	佐藤　竜太
株式会社ティスコ運輸	菅原　茂秋
信和商事株式会社	中村　昌弘
株式会社長印	倉崎　浩
株式会社ベルク	原島　保
株式会社ベルク	原島　陽一郎
株式会社丸和運輸機関	和佐見　勝
株式会社丸和運輸機関	小倉　友紀
株式会社丸和運輸機関	染谷　樹春
株式会社丸和運輸機関	黄　小民
株式会社北海道丸和ロジスティクス	遠藤　和博
株式会社関西丸和ロジスティクス	吉井　章

株式会社関西丸和ロジスティクス	竹田　沙織
株式会社ＷＡＳＡＭＩ	仲屋　太郎
オフィスJ.O.	近江　淳

【株式会社丸和運輸機関　会社紹介】

　1970 年にトラック 1 台で創業。「"お客様第一義"を基本にサードパーティ・ロジスティクス業界の No.1 企業を目指し、同志の幸福と豊かな社会づくりに貢献する」という経営理念のもと今日まで歩み続け、2020 年で創業から 50 年の節目を迎えた。

　1973 年にイトーヨーカ堂と取引を開始。1995 年にマツモトキヨシと取引を開始し、医薬・医療物流を全国へ拡大。さらに 2013 年低温食品物流事業に進出。2014 年東証 2 部上場を果たし、2015 年には東証 1 部上場を実現した。2017 年からアマゾンジャパンとの取引を始め、「ＥＣラストワンマイル当日お届けサービス」の事業も収益・成長の柱となってきている。

　今後は、世界で戦える 3PL（サードパーティ・ロジスティクス）業界の No.1 企業となるべく、「売上高 1 兆円」「社員数 10 万人」を目指している。単に会社の規模を拡大するだけではなく、会社利益が同志一人ひとりの利益にまで結びつく「高人財」「高品質」「高成長」「高収益」「高賃金」「高配分」「高株価」の"7 高"を実現する幸福企業づくりを目標とする。

　"お客様第一義"を基本に、常に人財育成に努め、最先端の知識と技術を修得し、お客様の経営を全面的にサポートできるロジスティクスのプロ集団である。

【本社】
〒 342-0008　埼玉県吉川市旭 7 番地 1
【本社営業所】
〒 342-8505　埼玉県吉川市あさひ桃太郎 1-1-1
【東京本部】
〒 100-0005　東京都千代田区丸の内 1-8-2
（鉄鋼ビルディング本館 5 階）
HP　https://www.momotaro.co.jp/

AZ-COM
MOMOTARO-3PL-SYSTEM

■編著者略歴

一般社団法人 AZ-COM 丸和・支援ネットワーク

（略称：AZ-COM ネット）

　株式会社丸和運輸機関が母体となってその協力会社とともに2015 年 4 月に設立した、中小のトラック運送会社を支援するための団体。2016 年 11 月より社団法人化し、共同購入による会員の経営利益支援や、ドライバーのための安全教育、経営者のための研修、海外視察など教育支援活動を幅広く展開している。

　当初 139 会員で発足し、2021 年 3 月現在では 1,500 会員を超えるまで会員数を増加させた。北海道から九州・沖縄まで全国にわたって会員がいる、業界でもユニークな存在で、会員間の親睦活動にも力を入れている。

　理事長には、株式会社丸和運輸機関の創業社長である和佐見勝が就任。

〒 100-0005
東京都千代田区丸の内 1-8-2
（鉄鋼ビルディング本館 5 階）
HP　http://www.azcom-net.jp/
MAIL　azcom-net.info@momotaro.co.jp
TEL 03-3212-1111　FAX 03-3212-1112
平日 9:00 ～ 17:00 (年末年始を除く)

本書の内容に関するお問い合わせ
は弊社HPからお願いします。

行った。見た。触れた。「世界最先端の物流・流通」

2021年　6月10日　初版発行

編著者　一般社団法人AZ-COM
　　　　丸和・支援ネットワーク

発行者　石　野　栄　一

明日香出版社

〒112-0005 東京都文京区水道2-11-5
電話 (03) 5395-7650 (代　表)
　　　(03) 5395-7654 (FAX)
郵便振替 00150-6-183481
https://www.asuka-g.co.jp

■スタッフ■　BP事業部　久松圭祐／藤田知子／藤本さやか／田中裕也／朝倉優梨奈／
　　　　　　　　　　　　竹中初音
　　　　　　　BS事業部　渡辺久夫／奥本達哉／横尾一樹／関山美保子

印刷・製本　株式会社フクイン
ISBN 978-4-7569-2155-0 C0034